colección

BFV ■ Biblioteca de la Filosofía Venidera

dirigida por Fabián Ludueña Romandini

Esta colección quiere abarcar en su espíritu obras que, como quería Walter Benjamin, intenten reflejar no tanto a su autor sino más bien a la dinastía a la cual éstas pertenecen. Dinastías que otorguen los instrumentos para una filosofía por-venir donde lo venidero no sea sólo una categoría de lo futuro sino que también abarque lo pasado, suspendiendo la concepción moderna del tiempo cronológico a favor de una impureza temporal en cuyo caudal pueda tener lugar la emergencia de un pensamiento inactual e intempestivo, capaz de mostrar la potencia filosófica oculta en todas las tradiciones del conocimiento. Filosofía, entonces, como el arte de la fabricación de nuevos conceptos, donde la novedad es siempre entendida tomando en cuenta su anacronismo fundamental y su perpetua inclinación a la polémica.

Foro Bitácora de la BFV   Colección de la BFV

Edición: Primera, Abril 2025

Lugar de composición: Suipacha, Pcia. de Buenos Aires

Lugar de impresión: Barcelona / Buenos Aires

Código Thema: QDTJ [Filosofía: metafísica y ontología]

Código BISAC: PHI013000 [Metaphysics]

ISBN: 979-13-87546-16-8

e-ISBN: 979-13-87546-17-5

Depósito legal: M-8524-2025

Diseño y composición: Gerardo Miño

Imagen de cubierta: Pozo iniciático de Quinta da Regaleira, en Sintra, Portugal
(construido alrededor del año 1900 por el arquitecto italiano Luigi Manini
bajo la dirección de António Carvalho Monteiro, propietario de la finca).

Página web: www.minoydavila.com.ar

Facebook: http://www.facebook.com/MinoyDavila

Mail: minoydavila@gmail.com

Oficinas: Tacuarí 540 (C1071AAL), Buenos Aires, Argentina.

BFV ■ Biblioteca de la Filosofía Venidera

FABIÁN LUDUEÑA ROMANDINI

H.P. Lovecraft

La Anti-vida y el destino cósmico

ONTOLOGÍA ANALÉPTICA IV

MIÑO y DÁVILA
◆ E D I T O R E S ◆

Este libro está dedicado a Isaúl Ferreira Olivera, *in primis.*

Índice

Ya estaban allí en el Carbonífero,
ya estaban allí en el Triásico y el Pérmico;
oyeron los vagidos del primer mamífero,
oirán los alaridos de agonía del último.

Michel HOUELLEBECQ

La única palabra que no es efímera es la palabra muerte.

Francis PICABIA
Manifeste cannibale dans l'obscurité, 1920.

Al crecer la vida se define y arraiga en nosotros el olvido y al crecer él nos hace más sencillo el esfuerzo de morir aplacando los vientos cuando llega la hora en que todo coincide.

Tristan TZARA
La fuite, 1946.

Las cosas se van a poner mucho más extrañas.

William GIBSON
Neuromante, 2004.

¿Es preciso que siempre retorne la mañana?
¿No acabará nunca el poder terrestre? [...]
El dominio de la noche es atemporal.

NOVALIS
Hymnen an die Nacht, Athenaeum, 1800.

Advertencia

Una conflagración devastadora tuvo lugar en el cosmos: "terriblemente resonó el infinito mar (*póntos*) y la tierra retumbó con gran estruendo; el anchuroso firmamento (*uranòs eurùs*) gimió estremecido".[1] La portentosa batalla por el dominio del Universo primigenio fue ganada por los Inmortales, conocidos también como los Olímpicos. Estos últimos han tenido el abur de presidir la historia conocida como humana. Los Titanes, que perdieron la guerra, fueron condenados al inframundo: "[el Tártaro] temible (*deinòn*) para los inmortales dioses (*athanátoisi theoîsi*)".[2] Estos mitos griegos no transmiten, en términos lovecraftianos, más que lejanos ecos deformados de las grandes civilizaciones que habitaron y lucharon por la Tierra antes de la aparición de cualquier rastro de *Homo*.

En el mundo contemporáneo, los Titanes han podido evadir su prisión en el Tártaro y han tomado el control de la Tierra ejerciendo, nuevamente, su dominio implacable y duradero. Preparan, de hecho, la Extinción masiva de lo viviente para propiciar la llegada de un nuevo Eón donde todo lo In-humano o, simplemente, lo no-humano será la forma predominante de existencia material.

La visión profética del retorno de los Titanes ha sido consolidada por la obra de Ayn Rand, *Atlas Shrugged* publicada en

1   HESÍODO, *Teogonía*, 678-680.
2   HESÍODO, *Teogonía*, 743.

1957. Como hemos dicho, los Titanes fueron parte de los dioses primordiales anteriores a las deidades Olímpicas. Atlas, hijo del titán Jápeto y de la oceánide Clímene, "sostiene el vasto cielo (*uranón eurún*)"[3] como castigo perpetrado por Zeus[4] a causa del apoyo que Atlas brindó a la estirpe titánica en su guerra contra los dioses olímpicos que concluyó con la derrota de los titanes.

No deja de ser determinante en el mito de Atlas su origen en el Asia Menor, según podemos constatar en la epopeya hurrito-hitita de Kumarbi donde, en la *Canción de Ullikummi* se menciona al gigante Upelluri, de proveniencia inmemorial, que sostiene el cielo y la tierra.[5] Atlas, en su genealogía titánica, se hunde en la noche de los tiempos previa a la existencia de la humanidad y conserva pues el arcano de los poderes primordiales que rigieron este mundo antes de la *pax* olímpica. En el mundo actual, con el ocaso de los dioses olímpicos y el final de la metafísica que los representaba, los Titanes han sido liberados de su prisión tartárica para acometer la toma del poder en todo el orbe. El anarcocapitalismo, reactivando fuerzas primordiales, busca extender una dominación planetaria en la que Atlas se presenta como la figura emblemática.

Con toda probabilidad, Ayn Rand tuvo en mente, a la hora de escribir su libro, a la escultura colosal de Atlas, de estilo art déco, realizada por Lee Lawrie en el Rockefeller Center de Nueva York. Y no vaciló en identificar a los antiguos titanes según sus ropajes contemporáneos bajo las figuras del empresario y los capitalistas. Debido a que Atlas estaba castigado por Zeus a sostener al mundo sobre sus hombros, esto lo dejaba "con sus rodillas doblándose, con sus brazos temblando (*his knees buckling, his arms trembling*)".[6] En el eón emergente la situación habrá de invertirse para que Atlas, liberado por la filosofía anar-

3   HESÍODO, *Teogonía*, 517.
4   STOLL – FURTWÄNGLER, 1884-1937: Band I: 704-711.
5   LESKY, 1966: 363-368.
6   RAND, 1996: 455.

cocapitalista y liderado por los NRx (así gustan denominarse los neorreaccionarios), alcance el cenit de su venganza para liderar la reconquista de los cielos.

Con todo, hay que tener presente que Lovecraft nos confronta, a la vez con lejanísimas Eras arcaicas así como con los Eones por venir dado que, en su concepción del tiempo, lo arcaico, lo prehumano e incluso el *Outside* terrestre y cósmico previo a toda forma de vida, nos coloca frente a deidades muchísimo más antiguas que los Titanes cuya mitología es el reflejo que *Homo* únicamente puede percibir en sus sueños, pues todavía resultan depositarios de esos lejanos ecos. Las deidades de Lovecraft proceden de entidades que se sitúan más allá del Universo conocido y proponen, por tanto, realidades alternas.

Se trata de auténticas Ur-deidades más allá de toda mitología humana. En ese sentido, Lovecraft supera por completo el antropomorfismo mitológico e, incluso, las deidades nominales o abstractas que las tradiciones humanas más antiguas llegaron a conocer, para alcanzar el mundo informe de las deidades primordiales más allá del tiempo y del espacio conocidos. Con Lovecraft se trata de alcanzar algo así como los dioses de los dioses o, si se quiere, las entidades que han constituido el tejido de lo (trans-)real en cuanto tal en la totalidad de los mundos posibles. Y, en su punto más osado, esta propuesta busca llegar incluso más allá de todos esos Ur-dioses para toparse con el núcleo mismo del *Un-grund* que equivale al *Nihil* de la Muerte y la Generación de los Universos en todas sus formas (in)imaginables de los múltiples mundos posibles. Se trata, entonces, de medirse con las implicancias filosóficas de la Anti-vida como consecuencia suprema de la especulación lovecraftiana.

Obertura

La filosofía atraviesa un período de cesura epocal. Está claro que no podrá sobrevivir como auténtica *forma-de-vida* más allá de su instalación como saber organizado del *cursus* académico (algo que, humillación suprema que hoy es una verdad de hecho, los NRx califican como parte de lo que entienden por la Catedral). Su posición en el mundo de los saberes es más inane que nunca y el cuestionamiento, hay que subrayarlo, a sus propias capacidades provino de la filosofía misma, acaso la única *episteme* que ha investido çonsiderables esfuerzos en su propia auto-destrucción. En este sentido, la filosofía es la única antropotecnología que, luego de una existencia milenaria, tuvo el coraje o la insolente audacia (según prefiera el lector) de plantear su propia aniquilación como posibilidad real a partir de una horadación de sus capacidades de transmisibilidad, de un cuestionamiento radical a sus pretensiones de verdad y, finalmente, de la puesta en entredicho de sus posibilidades de constituirse en una experiencia iniciática, en una disciplina ética del *lógos*.

Es tiempo de considerar, con toda seriedad, el papel de la filosofía en el mundo humano en su momento crepuscular. De hecho la filosofía nació como aspiración al ejercicio del *poder*. Dan testimonio de ello, por cierto, la tradición platónico-aristotélica pero también otras, como la estoica: baste pensar en la figura de Marco Aurelio, filósofo estoico devenido emperador romano. Como contrapartida, la misma filosofía antigua construyó su pro-

15

pio antídoto a su aspiración por el poder. Baste como ejemplo el cinismo antiguo. Pero lo cierto es que la filosofía nace con una aspiración de los filósofos, paradigmáticamente, a formar parte del inquietante Consejo Nocturno de Platón y devenir *nomophylakes* en tanto guardianes de las leyes o bien formadores de emperadores globales como Aristóteles con Alejandro Magno. La historia de la onto-teo-logía hizo transitar a la filosofía el camino que la llevó al punto inverso de sus comienzos para volverse especulación y pragmática crítica del poder (triunfo del cinismo antiguo devenido en Iluminismo de salón o en furia revolucionaria) y, finalmente, desvelar su originaria y problemática relación con la *arché*, el fundamento metafísico de todo poder, y adoptar para sí, tal vez de modo mucho más irreflexivo de lo que podría parecer a primera vista, el "principio de anarquía"[7] o la deposesión de todo poder (en un gesto que hay que atreverse también a leer como una abdicación voluntaria o una rendición inconsciente de sus implicancias). Y a pesar de que la filosofía, por ejemplo por medio de sus *sectatores* NRx, continúa ejerciendo una influencia eidética sobre los detentores del poder tecno-titánico del orbe, lo cierto es que ha sido reducida, en cuanto al ejercicio efectivo del poder, a un papel preeminentemente episódico.[8] Empero, lo que hoy en día está en juego no

---

7   Como ejemplo basta citar el libro insoslayable de SCHÜRMANN, 2013 que posee valor paradigmático.

8   Conviene tener aquí en cuenta el hecho de que en las escuelas de filosofía, en la medida en que apuestan al poder, su concepto de Bien se vuelve una cuestión disputada lo que, por supuesto, no quiere significar insoluble. Por un lado, es necesario asumir que muchas escuelas de filosofía han preferido ya sea apartarse del concepto de Bien (cualesquiera significados pudieran constituirse en referentes de ese concepto), ya sea abrazar alguna forma directa del Mal. Esto sólo muestra que todo acto filosófico, si está anclado en una ambición de poder (o de influir en él) debe medirse con las ambigüedades abisales del Mal. Huir de esta tarea que le incumbe, en nombre de progresismos diversos u utopías en desuso, ha debilitado las posibilidades de la filosofía en el mundo contemporáneo. Los filósofos Oscuros, los *sectatores* de la Ilustración NRx, son el reverso de la moneda de los filósofos iluministas, cuya luz, en definitiva, consistió en renunciar al poder para criticarlo mientras lo ejercen otros. En otras palabras, los filósofos de la Luz buscaron eludir el comercio con las sombras que es inevitable en la aspiración al poder. En ese acto, la filosofía dejó todo el escenario para que el infierno sobre la Tierra se instale, incluso con la colaboración subsidiaria, a través del temor

H.P. LOVECRAFT. LA ANTI-VIDA Y EL DESTINO CÓSMICO

es ya solamente la posición de la filosofía respecto del poder[9]
sino el hecho de su propia supervivencia como disciplina que se

por el ejercicio directo o indirecto del poder, de los filósofos herederos del criticismo iluminista. En suma, una declinación de responsabilidades de estos últimos ha hecho que los filósofos Oscuros sean hoy los que todavía conservan la validación de la palabra y pretendan expandir el nihilismo cósmico situándose, precisamente, más allá del Bien y del Mal. Por otro lado, existe una coincidencia plena por parte de todas las escuelas filosóficas que agonizan en el presente mientras se van dispersando y disolviendo con prontitud, en el hecho de que ninguna, Oscura o Luminosa, orienta sus esfuerzos en pos de la Humanidad. Todas están de acuerdo en que la Era de *Homo* ha de ser suprimida (salvo algún resabio del antiguo humanismo que aún permanece) en pos de un advenimiento post-humano o transhumano. En todos los casos, en este punto el legado de Lovecraft es más incisivo: de él puede aprenderse que lo humano jamás ha existido y siempre hemos sido trans-humanos. Esta incomprensión de las propiedades in-humanas originarias de los seres hablantes ha generado una hiper-ciencia que, inconsciente de la metafísica que la sostiene, puede conducir aún más rápidamente a la Extinción que, no obstante, y hay que admitirlo, es el destino de este Universo particular pero, de ninguna manera, del sistema integral de los Fractos cósmicos.

9   Hay quienes confunden cierto predicamento intelectual en relación con el poder como muestras de la vigencia de la filosofía. Esto ocurre, especialmente, en el núcleo del Imperio occidental. Se ha argüido, en este sentido, cómo los conceptos del dispositivo del género han gozado de los favores de las Humanidades globales e irradiado su influencia sobre instituciones políticas, educativas e, incluso, corporaciones de peso mundial. Sin embargo, la del género es una teoría, vale decir una *theory* en el sentido norteamericano. Y la *theory* es exactamente lo opuesto de toda filosofía entendida como la subversión última del mundo existente y como un modo de vida que revista alguna cualidad de conversión. Que luego numerosos filósofos puedan haber hecho suya la teoría del género (muchas veces sin darse cuenta de que se trata de una reelaboración de ideas propiamente filosóficas que, de modo más agudo, habían sido dichas mucho antes en el siglo XX por los últimos filósofos que actuaban como tales más bien a título individual o, a lo sumo, como parte de un agregado intelectual precario especialmente francés) solo muestra el caos y la confusión a la que está sometida una filosofía que ya no reconoce ni siquiera su propia historia y su acervo más transgresor. Pero, ciertamente, este acontecer no muestra la vigencia de la filosofía sino, en todo caso, su borramiento en favor de una *theory* que, aun sin ser filosófica en el sentido aquí definido, no deja de ser especulativa. Por tanto, está llamada, por esa misma razón, a una pronta evaporación o, al menos, a una gran marginación dentro del mundo universitario de las Humanidades a las que, inexorablemente, está atada pues los poderes constituidos ahora parecen mostrarse especialmente hostiles a la proliferación del pensamiento ya sea tanto como filosofía o como *theory* (por supuesto, desde el punto el punto de vista del poder, ambas son indistinguibles y, por tanto, corren el mismo albur junto a las ciencias puras). He aquí una prueba suplementaria de que la filosofía, aun corriendo el riesgo de equivocarse (incluso no pocas veces, a lo largo de la historia, de manera catastrófica) no debe renunciar a ejercer el poder. Es imposible cambiar un mundo si no se tiene el poder de influir sobre él. En este punto, hay que admitir que la *theory* (como conjunto que abarca a los *gender studies*), por razones de su constitución, no ha sido tan ingenua como la filosofía contemporánea.

había erigido en la condición trascendental de posibilidad de la figura histórica de *Homo*.

Como corolario, se torna insoslayable sopesar que la filosofía ya no sea practicada por *Homo* sino por entidades múltiples que le serán sucedáneas en el horizonte de eventos que conducirá al Advenimiento de las entidades de silicio como nuevos habitantes del cosmos sintiente (y, por tanto, inteligente). El Horror, que define el carácter de fondo sobre el que se producirá este escenario, pone en entredicho la división entre Razón y Locura que la filosofía racionalista intentó, vanamente, instaurar como grilla de inteligibilidad de la *episteme* especulativa, de la ética y de la política. El Universo entero se verá sacudido por una nueva economía del Ser en la cual la digitalización como epítome de la discontinuidad busca constituirse como el tejido más profundo de lo existente.

Resulta, por tanto, patente que la filosofía no sobrevivirá a la Organización de la post-burocracia (reticular, estatal, paraestatal, a-estatal) del nuevo orden planetario y sí se convertirá, al final de sus días, en la ocupación periférica de un conjunto altamente entrenado de funcionarios de *élite* de alguna *oficina* dedicada a la liturgia del pasado. A pesar de todo, hay buenas razones para pensar que es tiempo de que la filosofía concluya su ciclo histórico (ella misma lo ha pedido con una insistencia que debe ser escuchada). Sin embargo, hay gente obstinada que piensa que aún es posible una *última* oportunidad. En rigor de verdad, los filósofos ya se han extinguido por completo de la faz de la tierra. No se trata de una extinción reciente y, sin embargo, nadie parece haberse percatado verdaderamente del fenómeno (salvo, por supuesto, ciertos espíritus lúcidos pero desatendidos que no han dejado de plantearlo en variados momentos históricos). Hace muchos siglos que ha tenido lugar la muerte del último filósofo.

No procederemos aquí a intentar un catálogo infructuoso de fechas y nombres. Diremos simplemente que los filósofos dejaron realmente de existir junto con la desaparición de las escuelas que sustentaban su posibilidad. El borramiento de los filósofos no equivale, sin embargo, al final de la filosofía. De hecho, la filosofía ha podido, en muchas ocasiones, arreglárselas muy bien sin los filósofos. La filosofía en cuanto *theoria* ha encontrado singularidades donde encarnarse a lo largo de muchos siglos de la historia humana. Sin embargo, no hay auténticamente filosofía humana sin escuelas, sin transmisibilidad, sin un *ethos* que dé sustento a la *theoria* y permita también el acceso a ella. En suma, la filosofía puede ingeniárselas muy bien para infiltrarse en los teóricos de distinto tipo. Buen ejemplo son aquellos seres solitarios que, en muchas épocas, decidieron llamarse, en un gesto heroico, a sí mismos filósofos, a título personalísimo e individual como, por ejemplo, ocurrió durante el Renacimiento europeo aun si no faltaron en aquellos tiempos algunas Academias menores aunque de gran peso simbólico (si bien, el carácter iniciático antiguo allí sólo podía ser una lejana evocación filológica).

La filosofía pudo, hasta ahora, sobrevivir perfectamente a la extinción de los filósofos humanos, pero cabe pensar que sería capaz de reencarnarse en las futuras entidades inteligentes que puedan aflorar luego de que el horizonte de la Singularidad tenga lugar y el mundo de los *homines*, eventualmente, desaparezca. Por supuesto, una filosofía de entidades no humanas no es tan ajena a nosotros si pensamos que, en el fondo, toda la filosofía puede ser concebida como in-humana, procedente de un *Outside* que los antiguos gustaban llamar *tò theîon*.

Ahora bien, lo cierto es que la experiencia de la filosofía como forma de vida humana acabó con el cierre de la última escuela del pasado. *Nadie puede ser cabalmente filósofo a título individual.* Cualquiera puede llamarse a sí mismo de este modo, desde luego, aunque histórica y conceptualmente sea una denominación vacía de sentido (aunque es admisible aceptar que algunos filósofos han recurrido a esta posibilidad extrema en diversos momentos históricos como es el caso en el siglo XX si bien, como no podía ser de otro modo, el experimento resultó en última instancia fallido). El filósofo existe, como *conditio sine qua non*, en forma binaria (se requiere un maestro y un discípulo) y esta es la forma embrionaria de la escuela que es la única capaz, por múltiples razones, de sustentar una forma de vida filosófica.

Todo esto, desde luego, no equivale a sostener que el filósofo no pueda formar parte de una fraternidad diseminada de ermitaños o de seres anómicos como el exponente cínico. Pero, como prueba este último caso, aun siendo más individualistas, los cínicos no dejaban de pertenecer a una escuela porque esta última no necesitaba un agrupamiento consolidado en un espacio físico para existir. Esta es una de las tantas pruebas de que la escuela, antes que un lugar espacial, es un topología lógica de tipo ético-noético. Aun así, la escuela, que es también una de las formas por excelencia del rechazo de la *societas* humana y de sus rituales, se sustenta en una tradición textual, en una *ortopraxis* que puede ligar a individuos geográfica y temporalmente distantes. La escuela no respeta (o, al menos, no se guía) por las leyes de ninguna *polis*, los usos de ninguna comunidad humana (existente o por venir) y es, por definición, *asocial* (lo cual, por supuesto, no implica que sea apolítica o anti-política sino todo lo contrario).

Puede resultar un ejercicio provechoso el tomar un ejemplo. Hacia sus cuarenta años de edad, aseguran los filólogos más encumbrados, en torno al año 387 a.C. Platón fundó, al noroeste de la ciudad de Atenas, en el jardín de Hekádemos, su Escuela filosófica, la Academia, cuyo nombre evoca al héroe homónimo y que, a no dudarlo, fue uno de los primeros espacios (aunque, ciertamente, no el único) en la civilización occidental donde *Homo* pudo entregarse a una actividad primero mirada con el máximo recelo y luego abiertamente perseguida: la especulación (hasta hoy en día, cuando nos hallamos en la cima de dicha escalada de hostilidades).

De hecho, el propio Cicerón recuerda con nostalgia la exedra que Platón había hecho construir en su Academia en el área del santuario dedicado a las Musas y donde ejercía la actividad de su enseñanza.[10] Sin embargo, resulta decisivo subrayar el hecho de que esta enseñanza de Platón no se basaba, en absoluto, en el estudio de su propia teoría. Para pertenecer a la Escuela de Platón no era necesario estar de acuerdo con su, así denominada, "teoría de las ideas" puesto que la lógica de la Escuela antigua no dependía de una ortodoxia transmisible sino del ejercicio de un pensamiento que tenía al maestro como figura posibilitante pero no como detentor de un saber que debía perpetuarse de manera dogmática.

En este sentido, entre las numerosas pruebas al respecto, podemos retener el hecho de que, Espeusipo, el inmediato heredero de la Academia de Platón luego de la muerte del maestro, no era partidario de la teoría de las ideas.[11] No existía, por lo tanto, como lo supuso erróneamente Usener, un *curriculum* dirigido por un maestro de saber, para el caso Platón, en la Academia como podría haberlo en una Universidad moderna.[12] Por cierto, había en la Escuela, además de Platón, varios filósofos enseñando sin una jerarquía establecida (aunque, obviamente, el respeto hacia Platón era incólume). De este modo, no era necesario, tampoco, ser discípulo de un único maestro: así, por ejemplo, Heráclides Póntico era, a la vez, discípulo de Platón y de Espeusipo quienes mantenían doctrinas no siempre convergentes y hasta opuestas. Por ello, tampoco sólo había "filósofos" en la Academia sino también astrónomos como Helicón o matemáticos como Eudoxo.[13]

Por esta razón, un rasgo que debe ser destacado resulta del hecho de que, probablemente, quienes frecuentaban la Escuela

10   Cicerón, *De Finibus bonorum et malorum,* V, 4.
11   Cherniss, 1945: 81-82.
12   Usener, 1884: 1-25.
13   Friedländer, 1964: I, 97 y ss.

de Platón podían pasar varios años, incluso decenios, de entrenamiento previo en conocimientos como las matemáticas antes de poder adentrarse en la filosofía propiamente dicha, para la cual, según Platón se requería una maduración ética que sólo la experiencia de la vida y los ejercicios dialécticos podían asegurar.

La escuela no es una comunidad, no es una sociedad alternativa: es una de las formas más extremas y despiadadamente exigentes de las disciplinas de los afectos en pos de la contemplación teorética. La forma lógica de una escuela filosófica es antitética respecto de toda forma de gregarismo societario: si no lo fuera, su propósito se reduciría al fracaso. La topología de la escuela filosófica es irreductible a cualquier forma social pasada o por venir, su geometría escapa a todo cuanto la especie humana ha pensado y vivido como forma de *asociatividad*. Ciertamente, hay otras formas de existencia que pueden ser cercanas, incluso compartir fines y técnicas con la filosofía. La propia filosofía no ha dejado de acercarse a ellas o de influirlas sin que, jamás, se confundiera con otras experiencias como, por ejemplo, la correspondiente a la vida ascética.

Entonces, los filósofos no existen más desde hace siglos y, ahora, la filosofía misma parece dispuesta a agotar sus capacidades para fagocitar individualidades que puedan hablar fantasmáticamente en su nombre o tomar verdaderamente en cuenta el *de-lirare* constitutivo del pensamiento. La omnipresencia de la Organización burocrática planetaria hace que estas singularidades sean cada vez menores. En este sentido, no hay organización social mejor o peor para la filosofía: la sociedad misma es su negación. La política es de interés para la filosofía, pero la filosofía debe traspasarla para constituirse. Por ello, ninguna promesa revolucionaria, ninguna democracia por venir, ninguna temporalidad mesiánica puede asegurarle un futuro a la filosofía. En sentido estricto, ya se verá si la filosofía puede aún encontrar intersticios. Por el contrario, si los Póstumos, sucesores de *Homo*, reavivan el insensato propósito de modelarse realmente (y no representativamente) como filósofos, deberán medirse, otra vez, con la lógica de la forma escuela (cuyas propiedades sustantivas trascienden, desde luego, a todas sus actualizaciones históricas, siempre contingentes).

Ciertamente, la escuela filosófica cuyo núcleo comienza con un maestro y un discípulo no puede únicamente definirse de manera lógica. En ese sentido, la transcripción lógica de una forma-escuela deja transparentar el carácter eminentemente chamánico que toda auténtica filosofía presupone. Para devenir filósofo (es decir, la antítesis de un profesor universitario de filosofía) es necesario un proceso de conversión (*metanoia*) como renacimiento místico-iniciático como ya parecía tener lugar en las antiguas comunidades pitagóricas.[14] En ese proceso un aspirante a la *sophía* deviene filósofo sólo cuando se produce, por motivos muchas veces contingentes y, sólo en apariencia, libres de un ritual, una suerte de posesión instantánea que cambia no sólo la vida del nuevo adepto sino que lo coloca en la *catena aurea* de la memoria de toda la tradición filosófica de la humanidad.

No existe, por lo tanto, una conversión sin una *epistrophè*, un retorno al momento cósmico antes del Tiempo que muestra a la filosofía como una transfiguración de los *arcana mysteria* de las tradiciones inmemoriales. Algo de este proceso que encadena la memoria del filósofo con todos aquellos que, en el mismo linaje, han vivido precedentemente, ha sido entrevisto por Marsilio Ficino cuando hablaba de la noción de *prisca theologia* y rescataba la milenaria figura de Hermes Trismegisto y su línea sucesoria. Si bien la *prisca theologia* remite, precisamente, al tiempo legendario del titán Atlas que Agustín de Hipona consideraba un contemporáneo de Moisés,[15] la línea sucesoria de los sabios no se limita, como pensaba Marsilio Ficino y sus sucesores, a unos pocos nombres.

14   Nock, 1933: 31.
15   Allen: 1990: 38.

Antes bien, la cadena del linaje debe abarcar a toda la memoria filosófica de la humanidad a la que, como converso, sólo el filósofo iniciado tiene acceso. Por cierto, no se trata de un contacto con las individualidades de los nombres filosóficos ya evaporadas del mundo sino, más precisamente, con la huella mnémica que todos los filósofos, a lo largo de los milenios, han dejado impresa en el *Noûs* cósmico que preside los designios del Universo como entelequia viviente. Ciertamente, sólo el estudio puede activar esa memoria sin límites, a la que todo filósofo tiene acceso luego de su conversión, pero esto no significa tampoco una adquisición de conocimientos que, en definitiva, sólo puede tornarse únicamente parcial y acotada. Al contrario, la memoria filosófica del *Noûs* cósmico encierra todo lo que la filosofía ha construido como posibilidad de pensar. En otras palabras, la conversión es una habilitación al pensamiento como posibilidad real del aspirante a filósofo. Y en ese núcleo mistérico custodiado por Mnemosyne yace, en potencia para ser redescubierto, todo el patrimonio filosófico que la humanidad ha acrecentado en su historia no documental sino cósmica.

De los documentos filosóficos, siempre imprescindibles, se ocupan los filólogos que se agencian en este mundo. El filósofo, por su parte, es el garante de la llegada del individuo iniciado al *Noûs* cósmico. Para llegar a este tesoro, el filósofo debe aceptar la conversión que lo coloca en contacto con ese linaje que lo conduce al fondo de los siglos, incluso al tiempo fuera del Tiempo cuando aún no existían los filósofos, pero el pensar ya estaba dado como potencia del Universo. Las memorias cósmicas múltiples como condición de posibilidad de todo pensamiento y forma-de-vida filosóficos vinculan al aspirante a la sabiduría con su auténtico linaje xeno-humano. La transcripción lógica de la escuela filosófica sólo puede ser el resultado de una formalización gráfica de ese proceso in-humano que muestra que la filosofía es un modo de existencia y una gnosis ajena, en sus orígenes y encarnaciones, a toda propiedad humana. Lo divino, en este caso, no es sino el nombre del espacio de pensamiento inmemorial al que Mnemosyne permite entrar.

No deja de ser cierto que, un pálido reflejo de lo que ya no se podía recuperar, intentó recrearse para Occidente en la Gran Alianza que la filosofía intentó realizar con la Universidad (institución que, de origen medieval, estaba destinada al propósito político de la Iglesia cristiana: la formación de los funcionarios de la burocracia tanto eclesiástica como temporal que hoy se ha secularizado en el objetivo del *management* laico). Esa Alianza laica e, indudablemente, no iniciática, permitió el florecimiento de la especulación con la formación de cierto tipo de escuelas cuya fisonomía respondía más a las de un agregado profesional que a cualquier reminiscencia antigua que, por supuesto, habría resultado imposible e improcedente intentar recrear.

La Gran Alianza tocó a su fin en los años '70 del siglo XX cuando comenzó, mundialmente, el proceso de divorcio de las Humanidades con la Universidad que hoy resulta patente en la subordinación y el carácter subalterno de cualquier saber filosófico en las escasas universidades donde todavía puede sobrevivir mientras se espera, pacientemente, la liquidación de los profesores de esas artes. Que sean ya profesores de filosofía y no filósofos los últimos seres hablantes que actúan en nombre de la filosofía solo marca, con mayor relieve y de modo elocuente, el declive definitivo de esta disciplina antropotécnica.

En nuestra época sin filósofos, no obstante, hay agentes de la filosofía que pululan en distintas esquinas del planeta proponiendo nuevos caminos para desafiar a *Homo* y su gregarismo organizacional. Estas personas, muchas de ellas jóvenes, han sido asaltadas por la idea de que la filosofía quiere, para cada época, un nuevo ajuste de cuentas con lo que hoy llamamos literatura. Tienen razón. Cuando la filosofía florece, lo hace contra la literatura o tomándola como aliada privilegiada. La mayoría de las veces lo ha hecho, sin embargo, colonizando el saber literario y fagocitándolo para su propio beneficio, a cuenta y riesgo. No ha de extrañarnos esto: la filosofía no es un saber pacífico; nunca lo ha sido y nunca lo será. En toda época verdaderamente filosófica podrá detectarse una tensión entre la filosofía y la literatura. Considerando ciclos temporales recientes, la filosofía alemana pudo, por ejemplo, exaltar el valor de Hölderlin como cima del pensar o la filosofía francesa restituir a escritores como Blanchot o Bataille a lo más encumbrado de la especulación transgresora.

Sin embargo, esos autores no hablan ya necesariamente el lenguaje de nuestra época,[16] tan siniestra como cualquier otra pero nunca tan abrumadoramente *out of joint*. Desde Al-Qāhira, un pensador norteamericano se atrevió a proclamar que nada menos que H.P. Lovecraft sería el Hölderlin que correspondería al espíritu actual de la filosofía.[17] En tanto proclama general, estamos plenamente de acuerdo pero si y solo si restringimos su alcance a la siguiente proposición: H.P. Lovecraft es uno de los literatos que dan expresión suprema al *universo* en el cual toda aspiración filosófica debe ubicarse y cuya hostil presencia desafía a cualquier escuela filosófica que pueda llegar, alguna vez, a constituirse.

En otras palabras, a diferencia de Harman, nuestro propósito no es servirnos de Lovecraft como la ilustración literaria de un sistema filosófico (por ejemplo, de la *object-oriented philosophy*). Al contrario, pensamos que Lovecraft —como toda literatura— es irreductible a la filosofía y nunca puede ser expresión de ella, y donde la proposición inversa es igualmente verdadera. Sin embargo, la literatura de Lovecraft describe, traza un horizonte con el que todo filosofar actual debe medirse para aspirar a permanecer en la existencia del pensar. Por lo tanto, no abordaremos los escritos de Lovecraft como una forma de comprender, por ejemplo, únicamente la ontología analéptica que intentamos desarrollar en otros escritos sino, al contrario, como el más conspi-

---

16 Lo cual no equivale a sostener, evitemos la malicia del intérprete, que esos autores no tengan nada para *decirnos*.

17 HARMAN, 2012.

cuo intento de definir el incómodo espacio en el cual *cualquier* pensamiento debe intentar alojarse, a pesar de todo. Esto es, cualquier tipo de intento de teoría, no sólo una en particular. H.P. Lovecraft es quien, sencillamente, ha descrito y analizado el mundo que toda teoría debe confrontar. Por lo tanto, no es posible continuar la indagación teórica (cualquiera sea) sin tomar en cuenta algunos puntos del desafío lanzado por Lovecraft al pensar contemporáneo.

Un colectivo especulativo, influido por la cibernética y la literatura, desbrozó un camino desde 1995 hasta 2003. Entre sus figuras destaca, para nuestros fines, la presencia de Nick Land que llevaría a la *Cybernetic Culture Research Unit* (CCRU) de la Universidad de Warwick en Inglaterra a una rehabilitación secreta del pensamiento de Lovecraft para la filosofía del siglo XXI. Con sus aciertos y sus limitaciones, la tantofilia del horror gótico fundido con el *cyberpunk* dieron rienda suelta a la hiperstición. Y, ciertamente, en nuestros días el Horror lovecraftiano ha tomado el mundo y ha dejado de pertenecer a la ficción. Quien como ficción inconsecuente analice los textos de Lovecraft dará muestras de una profunda incomprensión de las irreversibles mutaciones del mundo contemporáneo y de las contingencias de su futuro. Pues ante los desaciertos de las interpretaciones de la CCRU, un acierto decisivo ha tenido lugar que redime su ciber-filología: la hiperstición ha ocurrido con la obra de Lovecraft y este dato no puede ser obliterado so pena de caer en los errores exegéticos más burdos que se puedan cometer abordando al autor de Providence con las antiguas categorías del extinto humanismo literario.

Ciertamente, no pretendemos exhaustividad en la descripción de la visión lovecraftiana. Al contrario, dicha pretensión sería inconducente e imposible. Por lo tanto, tomaremos en cuenta simplemente aquellos rasgos que, en esta ocasión, estimamos importante destacar. Para realizar esto, conviene decirlo desde el comienzo, nos alejaremos de cualquier perspectiva propia de la crítica literaria porque, simplemente, ese campo de estudios ha cubierto ampliamente el anhelo de erudición filológica sobre Lovecraft (aun si queda mucho camino por recorrer desde ese campo también). En efecto, la Obra de Lovecraft no se constituyó propiamente como tal sino después de la muerte del autor y gracias a los esfuerzos, entre otros, de August Derleth. Hoy en día, encontramos una variedad enorme de escritos que conforman dicha Obra aún no completamente publicada: relatos de la autoría de Lovecraft, una impresionante poesía, una inabarcable correspondencia, relatos firmados por diversos autores pero no escritos sino corregidos (a veces hasta el punto de la reescritura) por Lovecraft, los textos escritos en colaboración (por ejemplo, con Kenneth Sterling o Robert Barlow) y, finalmente, la enorme producción no ficcional del autor (que abarca desde ensayos filosóficos hasta pequeñas notas periodísticas).

¿Finalmente? De hecho, ¿es posible establecer, con tanta claridad, los límites de la Obra de Lovecraft si no es al precio de una más o menos arbitraria decisión filológica sólo fundada en un criterio moderno de autenticidad que, por lo demás, le era ajeno al propio Lovecraft? ¿Qué decir, en efecto, de los textos que, de un modo u otro, continúan, glosan o parodian la obra de Lovecraft? A partir de los fragmentos dejados por el escritor de Providence, su discípulo Derleth ha podido construir relatos enteros. Otros han continuado el desarrollo de los temas y los personajes propios de sus escritos, de lo que se ha dado en llamar su mitología. Otros más han dado a la imprenta toda una literatura apócrifa. ¿Qué hacer con toda esa masa textual? La filología lovecraftiana, en su aplastante mayoría, ha sido modernamente clásica y, por lo tanto, esencialmente anti-lovecraftiana: ha buscado eliminar el criterio de escritura y transmisibilidad propias de la mitología lovecraftiana y de su metodología misma de puesta por escrito para avanzar sobre la idea de "autenticidad autoral".

El *fandom* de Lovecraft ha sido mucho más sabio y mucho más históricamente fiel al gesto del maestro: ha tomado toda la masa escrita en bloque como un solo conjunto: la Obra y sus glosas, los *Scripta* y sus apócrifos, conscientes de que el mayor logro y la mayor insolencia de Lovecraft contra el moderno sistema de la literatura había sido el crear una mitología que destituyera por completo el sentido de la función autor. Lovecraft era un *Lover* de lo *crafty*, un insidioso habitante de la oscura Providence cuyo fin último no era producir una Obra (él mismo era consciente de su fracaso en este sentido; por lo tanto, el "éxito" póstumo no es el suyo sino el de quienes construyeron la Obra). Al contrario, el intento desquiciado y por ello mismo genial de Lovecraft fue reavivar el *Mito* en pleno siglo XX. Entiéndase bien, la prestación específica de Lovecraft fue, entonces, no tanto la constitución de una mitología particular (por lo demás aleatoria) sino más bien, y fundamentalmente, el provocar que, de una vez, despertasen, en plena era tecnológica, las fuerzas avasallantes encerradas en aquello que llamamos mitología y que definen las posibilidades y los límites de un *Homo sapiens* condenado indefectiblemente a la Extinción.

En definitiva, Lovecraft podrá situarse mucho más allá "desde cierta perspectiva" de lo que los especialistas de la mitología han logrado. Por un lado, la ciencia mitológica ya reconocía que el mito había nacido de los bajos fondos del terror (*la terreur*) pero sólo para "dar nacimiento a todos esos relatos maravillosos del cual se compone el tesoro mitológico".[18] Por otro lado, esa misma ciencia naciente, se daba cuenta de que el mitólogo contemporáneo actuaba en un mundo completamente diferente del que estudiaba en la Antigüedad: el hombre moderno vive "entre miríadas de estrellas errantes" de un universo infinito.[19]

---

18 DECHARME, 1886 (2ª): XXI: "*la terreur [entre otras afecciones] a donné naissance à tous ces récits merveilleux dont s'est composé le trésor mythologique*".

19 MÜLLER, 1873: 6: "*sa nature se présente à nous sous un aspect différent, depuis que l'homme a appris à se connaître, depuis qu'il sait qu'il est un membre d'une grande*

Sin embargo, también se reconocía la necesidad de recuperar la exhortación del Oráculo de Delfos: conocerse a sí mismo. En este punto, la mitología se podía unir a la historia y el auto-conocimiento limitado de los antiguos ahora podía expandirse al conocimiento histórico de la humanidad como especie transida de temporalidad.

Más cercano a nosotros, uno de los etnógrafos más brillantes del siglo XX ha podido constatar que "el mundo comenzó sin el hombre y que terminará sin él". Por eso, en esa obra cumbre que es *Tristes Trópicos*, Lévi-Strauss podrá también decir que el destino de la mitología, de algún modo, también se ha cerrado para el hombre contemporáneo: "¡adiós salvajes! ¡adiós viajes!", el nostálgico hito final del libro no es otra cosa que el reconocimiento del agotamiento del acervo mitológico occidental en las puertas de la era tecnológica que se sella con la constitución del mundo Uno como totalmente cerrado, cabalmente conocido y sin "salvajes" a los cuales recurrir para retener el movimiento del mito.[20]

Nada más lejos de Lovecraft que esta *Stimmung* entre exultante y nostálgica que ha permeado a la ciencia mitológica desde sus orígenes. Al terror de los mitólogos, Lovecraft opondrá una nueva categoría, el *horror*, que impide cualquier posibilidad de encantamiento y de maravilla frente al mito. Al imperativo délfico del mitólogo devenido en arqueólogo de los valores históricos del mundo occidental, Lovecraft le opondrá un nuevo acervo mitológico que no sólo no produce ningún conocimiento sobre *Homo* sino que, además, es la puerta de su aniquilación cósmica. Sin embargo, el pesimismo nostálgico de un etnógrafo como Lévi-Strauss también es imposible en el mundo de Lovecraft: la agonía final del hombre sólo será la confirmación de su insustentablidad inicial, su ocaso sufriente una consecuencia in-

famille, une étoile parmi des myriades d'étoiles errantes, toutes gouvernées par les mêmes lois".

20   Lévi-Strauss, 1955: 494.

evitable de su innecesario advenimiento. Por ello, en Lovecraft, el final de *Homo* no coincide, como en Lévi-Strauss, con el final del mito y de los salvajes. Al contrario, el final de *Homo* es la condición trascendental de emergencia de la verdadera mitología. *Homo* es el mayor obstáculo para el nuevo Mito: sólo cuando *Homo* haya abandonado definitivamente la superficie del globo, entonces, las fuerzas que subyacen en el mito podrán ocupar el lugar al que siempre estuvieron destinadas. En este sentido, Lovecraft es vehículo de una *archi-mitología* que es, al mismo tiempo, una *post-mitología*, la mitología que viene después de la muerte del último mito humano. Desde este punto de vista, el mito lovecraftiano diseña el mapa del mundo contemporáneo y, aunque no sea el único autor de su generación en hacerlo, sin embargo será quien más agudamente propondrá un Mito a la altura de la ciencia moderna. Sólo una forma mitológica completamente *horrorosa* e inopinadamente novedosa podrá colocarse en el pináculo de los discursos contemporáneos y desafiar el saber de la ciencia y de las humanidades subvirtiéndolas en sus mismos términos.

Por lo tanto, para ser lovecraftianos hay que admitir el axioma central de Lovecraft que define a este escritor: *más que un literato, Lovecraft es el más genial mitógrafo del siglo XX.*[21] Y cuando se escribe mitología no hay autoría reivindicable y la palabra proferida no sólo no es propia sino que, esencialmente, está destinada a todas las prolongaciones imaginables. Por ello, cuando nosotros nos refiramos a ciertos textos propios de lo que suele llamarse sus "grandes relatos", nuestro gesto sólo debe entenderse como un intento de trabajar con las capas más antiguas del mito y no como otro intento de recortar, una vez más, el *corpus* legí-

---

21 Lamentablemente, el error de considerar a Lovecraft como un literato, incluso defectuoso, persiste en las ediciones más recientes y cuidadas pero que malinterpretan, por completo, el sentido de los *Scripta* del autor de Providence. Un ejemplo de esa incomprensión absoluta en la pluma de Pablo Debussy: "la concepción lovecraftiana de la literatura como un mecanismo puede ser anacrónica, pero en todo caso no anula el valor literario de sus textos" (LOVECRAFT, 2024: XLVII).

timo de Lovecraft. Lo mismo vale, desde luego, para los textos de no ficción y los escritos de los glosadores y continuadores.

El lector no encontrará en estas páginas ningún aporte a la biografía de Lovecraft[22] ni tampoco un estudio bibliográfico-literario sobre su producción.[23] Aun así cabe mencionar que el mejor trabajo "de conjunto" sobre la Obra sigue siendo, por su intensidad, por su descarada parcialidad y por su audacia, el libro dedicado al escritor de Providence por Michel Houellebecq.[24] Como es sabido, y como suele ocurrir no pocas veces, el comienzo de la posteridad literaria de Lovecraft se vio amenazado por la excomunión de un poderoso escritor y crítico literario que, con incandescente falta de tacto literario y humano, condenó a Lovecraft como un hombre *manqué*, un fracaso de las letras.[25] En el fondo, la crítica especializada, aun cuando ahora se dedique a elogiar a Lovecraft, no ha abandonado el punto de vista central de Wilson en tanto y en cuanto se sigue sosteniendo que nos encontramos frente a un *escritor*. Ciertamente hombre de letras podrá haber sido; no obstante, el logro inusitado de Lovecraft fue arrojar a los espíritus acongojados de su época y de las generaciones futuras a la pesadilla de la vida en un universo para el cual *Homo* no tiene ya cabida ni sentido. El tiempo del nuevo Mito es, justamente, anantropomórfico y su fuerza no puede ser acallada una vez que ha sido invocada.

---

22   Un importante paso en el establecimiento de una "biografía" de Lovecraft (con los considerables inconvenientes, teóricos y prácticos, que un intento semejante conlleva) fue el libro de SPRAGUE DE CAMP, 1975. Hoy en día, resulta imprescindible la biografía de JOSHI, 1996 (con una edición aumentada publicada en 2010) la cual debe ser acompañada del estudio, escrito por el mismo autor, JOSHI, 1990.

23   Para tener una idea de los alcances de la bibliografía lovecraftiana (constituida, sin embargo, sobre la base de una filología, en algunos puntos, contestable), cf. JOSHI, 1981. De gran utilidad resulta también, la compilación del mismo JOSHI, 1980.

24   HOUELLEBECQ, 1991.

25   Me refiero, naturalmente, al célebre artículo de WILSON, 1999 (1950ª): 288: "*The only real horror in most of these fictions is the horror of bad taste and bad art. Lovecraft was not a good writer. The fact that his verbose and undistinguished style has been compared to Poe's is only one of the many sad signs that almost nobody any more pays any real attention to writing*".

La filología ya resulta completamente revocada en su paradigma clásico y moderno con la sola consideración de la obra, pergeñada por Lovecraft, y conocida como el temible *Necronomicón* cuya autoría pertenecería a Abdul Alhazred, poeta demente de Saná (Yemen) que habría vivido en la época de los califas Omeyas hacia el año 700 d.C. Uno de los ejemplares de ese libro, conjetura Lovecraft, se encontraría en la Universidad de Buenos Aires. Considerando la función interna que este libro cumple en los *Scripta* de Lovecraft y todo cuando se ha escrito luego sobre este libro hace que, llegados a este punto, sea indistinto si se trata de un libro ficcional o verdadero. Que un libro ficcional sea objeto de la filología no es novedoso pero lo que resulta crucial es que lo sea sobre la base de que la presuposición de su carácter ficcional sea suspendida y se admita, en consecuencia, que su existencia ficcional fue perforada hacia el mundo real en una suerte de Hiperstición cuya performatividad ontológica hizo que un ente de ficción adquiriese todos los atributos pragmáticos de un ente real. Sólo una filología que supere las aporías del Canon y de lo Apócrifo que ha regido toda su tradición puede ser capaz de abordar, en toda su profundidad un objeto inusitado como este y, por ende, abrir el camino para la filología por venir de los objetos digitales que ahora proliferan en el mundo con autores que ya no son individuos humanos sino máquinas. La ciber-filología de la *Artificial Intelligence* y sus producciones aguarda todavía las bases para un nuevo saber a la altura de los tiempos.

I

Ultra-Filología.

Una ontología cósmica del poder

Philosophia facta est quae philologia fuit

En su obra, Lovecraft constituye los elementos de una geografía sagrada esotérica que, de hecho, desborda por completo los límites del planeta Tierra o se superpone a los mapas trazados por los expertos más prudentes. Los mundos fantásticos van, entre tantos otros, desde alguna luna de Júpiter hasta la Antártida paleocénica, pasando por la meseta de Leng, las tierras preincaicas, la fabulosa Valusia o las tierras de los hiperbóreos prehumanos adoradores de Tsathoggua. Uno de los puntos decisivos del gesto lovecraftiano, hemos postulado, tiene lugar en el hecho de la rehabilitación del Mito en pleno siglo XX. De hecho, la destrucción de una mitología para la implantación de otra ha tenido lugar varias veces a lo largo de la historia humana. Sin embargo, en lo que a Occidente se refiere, probablemente el último gran acontecimiento de esta naturaleza tuvo lugar con la polémica cristiana en contra de la religión antigua cuando se produjo una auténtica destrucción (con dosis no menores de absorción) de las antiguas deidades paganas.

En un pasaje contundente, Tertuliano puede escribir:

Querría considerar igualmente vuestros ritos. No hablo de lo que hacéis en los sacrificios: no inmoláis sino bestias macilentas y putrefactas; de las víctimas bien alimentadas y sanas, sólo separáis los deshechos inútiles, es decir, las cabezas y las pezuñas, cosas que, entre vosotros, sólo destinaríais a los esclavos y a los perros.[26]

Del mismo modo, "cuando adoráis a Larentina, ramera pública,[27] entre las Junos, Ceres y Dianas".[28] Como puede verse, en pasajes como estos, se sella el fin de la legitimidad del sacrificio ritual,[29] epicentro de la religiosidad antigua, para otorgar fuerza al sacrificio de Jesús-mesías, considerado como el único auténtico portador del final de todo otro sacrificio posible.[30] En el mismo gesto, los dioses paganos son rebajados a imposturas y condenados por su imperfección moral y ontológica.

Tertuliano, entre los apologistas cristianos, es reconocido por su pluma particularmente incisiva. A los ojos de Lovecraft, no se trataría nada más que de un aficionado. El escritor de Providence no rehabilita el pasado pagano de la humanidad, sino que intenta poner al descubierto ritos prohibidos de los cuales ningún documento o monumento antiguos pueden dar cuenta. Para Lovecraft, la religión más primitiva –y también la más verdadera– que los seres hablantes hayan jamás concebido es, al mismo tiempo, la destrucción de toda religión. La restauración del Mito equivale al final de toda mitología en la cual los dioses tengan aún algún rasgo antropomórfico, algún cuidado por la Humanidad o alguna constitución supra-sensible. Lo que la Humanidad adora como dioses, a los ojos de Lovecraft, no son más que oscuras personificaciones de Razas cósmicas que pue-

---

26   Tertuliano, *Apologético*, 14.

27   Habrá de subrayarse el hecho de que los romanos no ocultaban el carácter de "prostituta de gran fama en aquella época (*nobilissimum id temporis scortum*)" que poseía Aca Larencia. Cf. Macrobio, *Saturnalia*, I, 10, 13.

28   Tertuliano, *Apologético*, 13.

29   La bibliografía sobre el sacrificio antiguo es abundantísima. Sobre la consagración, la *sacratio* y el sacrificio, cf. Wissowa, 1902: 318-490. Cf. no obstante, también a modo de panorama erudito, Reverdin – Rudhardt, 1981.

30   Una interpretación apologética cristiana (no obstante difundida entre algunos intérpretes contemporáneos) que no condice, desde luego, con la realidad histórica de la antigüedad tardía y de la historia de las religiones, comenzando por el propio cristianismo. Cf. Stroumsa, 2005.

blan el universo infinito, que colonizaron la Tierra y que, muy pronto, habrán de reclamar su Reino para sembrar el fin de la especie humana.

Llegados a este punto, ningún sacrificio del cual se tenga registro es lo suficientemente sangriento, espeluznante y despiadado como los rituales prehistóricos que se continúan en la actualidad en los bosques perdidos, las montañas remotas o las islas más recónditas. El impulso religioso de la Humanidad no es más que un medio de comunicación con las especies extra-cósmicas que habitaron la Tierra y aún la habitan en sus pliegues escondidos, esperando el momento del Gran Retorno. Las entidades de Lovecraft desconocen la piedad o la ley humana (lo que no significa que no tengan sus propias leyes) y, para ellas, la vida humana es sólo un accidente del azar cósmico o de la ingeniería genética de los Primordiales y cuyo destino está inevitablemente marcado por el ocaso ante las incomparables fuerzas que se ocultan en el centro esotérico del mundo.

Desde este punto de vista, la mitología lovecraftiana es esencialmente inhumana, para-humana, trans-humana, no guarda por la vida humana la más mínima consideración ni cosmológica, ni ética, ni socio-política. El Mito coincide perfectamente con la Aniquilación de toda mitología (sacra o profana) que tienda a ensalzar o siquiera a otorgar algún lugar preferencial o marginal al sujeto humano en el devenir de la masa indómita de un universo transfinito. El Mito lovecraftiano nos exige, implacablemente, considerar un cosmos *ac si humanitas non daretur*.

Sin embargo, el Mito tiene lugares sacros en la esfera terrestre donde el ominoso poder de las fuerzas extra-humanas tienen su asiento. Consideremos, por ejemplo, los "bloques titánicos construidos por los Primordiales en la Antártida, tal y como los presenta Lovecraft mediante su relato "En las montañas de la locura". ¿Estas ciudades demenciales y las especies impías que las habitaron tienen alguna fuente de inspiración o bien son completas invenciones de Lovecraft?

Sin duda, a pesar de que hay quienes defienden la absoluta originalidad del Mito y hasta sostienen que Lovecraft fue un auténtico iniciado, podemos decir que su arqueología fantástica y su paleontología ultra-terrestre tienen precedentes en la literatura teosófica de la cual el escritor se ha inspirado muy prolijamente.[31] Algunos indicios, por cierto, los brinda el propio autor cuando, por ejemplo, en "La llamada de Cthulhu" menciona, sin mayores comentarios, el libro de William Scott-Elliot sobre la legendaria Lemuria.[32] En efecto, ¿qué elementos del Mito podemos encontrar en un libro semejante?

Ciertamente, ese libro, supuestamente inspirado en los "viajes astrales" de Charles Webster Leadbeater,[33] busca ser una demostración geológica, histórica y biológica de la existencia de vida inteligente anterior al advenimiento evolutivo de *Homo*. Uno de los hitos centrales del libro que, con toda probabilidad, despertó el entusiasmo de Lovecraft, es la aserción acerca de la existencia de mundos geográficamente perdidos (como el caso de Lemuria, bajo los efectos de una catástrofe volcánica) que habrían albergado a los antiguos habitantes de la Tierra.

En principio, Scott-Elliot parte del postulado según el cual, justamente, estos seres no eran humanos: "De hecho, el hombre lemuriano, durante al menos la primera mitad de su raza, debe ser considerado como un animal destinado a alcanzar la humanidad (*an animal destined to reach humanity*) y no un humano propiamente dicho".[34] En este sentido, Scott-Elliot, al igual

---

31 Desde esta perspectiva, el estudio más informado pertenece a Price, 1982. También hay que señalar, ciertamente, las influencias de Alfred Tennyson, Guy de Maupassant, Arthur Machen e incluso H.G. Wells.

32 En este punto, Lovecraft mismo resulta elocuente. En una carta a Clark Ashton Smith, declara: "He estado digiriendo algo de vasto interés como antecedentes o fuentes [...] esto es, las historias sobre la Atlántida y Lemuria, tal y como éstas han sido desarrolladas por los modernos ocultistas y los charlatanes teosóficos", en Lovecraft, *Selected Letters*, vol. II: 58.

33 El libro de Scott-Elliot intenta construirse sobre bases que el autor denomina "científicas". No obstante, la versión "clarividente" del problema de la civilización de la Atlántida, puede leerse en Besant – Leadbeater, 1947 (1913ª): 126-133.

34 Scott-Elliot, 1904: 20.

que luego lo hará Lovecraft, procede a hablar de Grandes Razas que habitaron la Tierra previamente a la llegada del hombre pero sus cuerpos no eran de naturaleza material:

Los cuerpos de la Primera Raza-Raíz (*First Root-Race*) en los cuales estos seres casi sin mente estaban destinados a ganar experiencia, nos habrían parecido a nosotros fantasmas gigantes —si de hecho hubiésemos podido siquiera verlos, ya que sus cuerpos estaban formados por materia astral. Las formas astrales de la Primera Raza-Raíz fueron luego gradualmente colocados en una envoltura más física. Pero, aunque la Segunda Raza-Raíz puede ser denominada física, ya que sus cuerpos estaban compuestos de éter, habrían sido igualmente invisibles para el sentido de la vista tal y como existe en el presente.[35]

Por otra parte, los especímenes de las antiguas Razas, como también será el caso en la literatura de Lovecraft, no limitaban su desarrollo ni la extensión de su biosfera evolutiva simplemente al planeta Tierra: "el más alto desarrollo que este tipo había alcanzado hasta el momento fue la gigantesca criatura de aspecto simiesco que había existido en los tres planetas físicos, Marte, la Tierra y Mercurio en la Tercera Ronda".[36] A partir de esta diseminación cósmica se habría producido, en el fabuloso relato de Scott-Elliot, la emergencia de la Raza lemuriana y, posteriormente, de la materialidad del cuerpo humano propiamente dicho:

De la Segunda Raza Etérea, luego, evolucionó la Tercera, la lemuriana. Sus cuerpos se habían hecho materiales, siendo compuestos de gases, líquidos y sólidos que constituyen las tres subdivisiones más bajas del plano físico [...]. No fue sino hasta mediados del período lemuriano que el hombre pudo desarrollar una sólida estructura ósea.[37]

Asimismo, en coincidencia con otros aspectos que Lovecraft desarrollará en su obra, Scott-Elliot, menciona especialmente

---

35 Scott-Elliot, 1904: 20.
36 Scott-Elliot, 1904: 21.
37 Scott-Elliot, 1994: 21.

la talla gigantesca de estos antiguos habitantes de la Tierra. Al describir a un hombre de una sub-raza, probablemente la quinta, Scott-Elliot suministra la (falsa) prueba de un desconocido documento según el cual "su estatura era gigantesca, entre doce y quince pies. Su piel era muy oscura, de un color marrón amarillento".[38] A su vez, los antiguos lemurianos sobreviven aún en la Tierra bajo la forma de una involución biológica cuya enumeración nos muestra, tangencialmente, que el racismo que luego se encontrará en Lovecraft, también permeaba algunas obras teosóficas de la época:

> los vestigios degradados de la Tercera Raza-Raíz que aún habitan la Tierra pueden ser reconocidos en los aborígenes de Australia, los indígenas de la isla de Andamán, algunas tribus de la India, los habitantes de Tierra del Fuego y los bosquimanos de África.[39]

Scott-Elliot, como ya lo habían hecho otros teósofos, reutilizaron a su gusto y desarrollaron una biogenética fantástica a partir de los trabajos de Ernst Haeckel y de su "historia del desarrollo (*Entwicklungsgeschichte*)" tanto a nivel individual (filogenético) como morfológico (ontogenético).[40] De este modo, las teorías reproductivas de Haeckel y sus organismos hipotéticos, desde la Gastrea hasta el *Pithecanthropus alalus* fueron convenientemente resignificados como prueba de la existencia, por ejemplo, de la Tercera Raza de Lemuria. Por cierto, no es coincidencia que Lovecraft fuera también un admirador de Haeckel, aunque haya hecho una utilización diferente de sus teorías en sus relatos. Así, el carácter colosal y montañoso de la arquitectura que Lovecraft

---

38 SCOTT-ELLIOT, 1994: 23. Puede el lector referirse, entre tantos ejemplos posibles, a la "gelatinosa inmensidad verde" del gran Cthulhu mencionada en LOVECRAFT, Howard, Phillips, "La llamada de Cthulhu", en LOVECRAFT, 2009, vol. II: 44. De aquí en adelante utilizaremos la sigla *O.C.* para referirnos a esta edición castellana de los cuentos completos.

39 SCOTT-ELLIOT, 1994: 28.

40 Es de especial importancia, por su influencia en la historia de la teosofía y, finalmente, en el propio Lovecraft, HAECKEL, 1868.

atribuye a los Primordiales y a las Antiguas Razas, también se halla presente en las construcciones lemurianas:

> Durante la última parte de las sexta y séptima sub-razas, aprendieron [los lemurianos] a construir grandes ciudades. Estas parecen haber sido de arquitectura ciclópea, correspondiéndose con los cuerpos gigantescos de la raza. Las primeras ciudades fueron construidas en esa región montañosa extendida del continente que incluía la actual isla de Madagascar.[41]

Al mismo tiempo, Scott-Elliot no hacía sino retomar el camino abierto por su mentora Helena Blavatsky, quien ya había defendido la doctrina de las Grandes Razas y de que los gigantes no fueron una ficción teológica de la historia.[42] En este sentido, Blavatsky no dejará de citar el *Libro de Enoch* e incluso a Filón de Alejandría y su antropología ético-ontológica para la interpretación alegórica de los gigantes que no conocen la "recta razón" (*orthòs lógos*).[43] De hecho, Blavatsky enuncia que "nuestras razas han surgido de Razas Divinas (*our races have sprung from divine races*)".[44] En este punto, los antecedentes resultan innumerables, desde los Rishis o Pitris indios hasta el Thot egipcio, desde Oannes-Dagon hasta los Lemures: en la mitología de Blavatsky, estos seres "aparecen primero como dioses y Creadores; luego se funden en el hombre naciente, para emerger finalmente como 'Reyes y Gobernadores Divinos'".[45]

Por cierto, asociado al mito lemuriano, se halla la leyenda sobre la Atlántida, ya presentada en términos próximos a los intereses de Lovecraft por Jacolliot:

41 SCOTT-ELLIOT, 1994: 37. Del mismo modo, Lovecraft, en "La llamada de Cthulhu" (*O.C.* vol. II: 42) describe la ciudad de Cthulhu como "enormes ángulos y superficies de piedra, superficies demasiado enormes para pertenecer a nada normal o propio de la Tierra, e impías por sus horribles imágenes y jeroglíficos".

42 Cf. asimismo, STEINER, 1981 (1904ª): 38 y 80 y ss. quien ha prolongado las tesis de Blavatsky y Scott-Elliot y cuya obra bien podría haber llegado al conocimiento de Lovecraft en alguna de sus versiones preliminares antes de la escritura de los "grandes relatos".

43 FILÓN DE ALEJANDRÍA, *De gigantibus*, 17.

44 BLAVATSKY, 1888, vol. II: 365. Contra Blavatsky, cf. GUÉNON, 1921.

45 BLAVATSKY, 1888, vol. II: 366.

Cualquiera sea el lugar donde se desarrolló una civilización más antigua que la de Roma, de Grecia, de Egipto y de la India, es cierto que esta civilización ha existido, y que es de un gran interés para la ciencia reencontrar sus huellas, por más débiles y fugitivas que estas puedan ser. Otros estudiarán y sopesarán las posibilidades geológicas. En cuanto a nosotros, vamos a reunir y comparar todas las tradiciones religiosas y filológicas que hemos podido encontrar sobre este tema, y que nos parece relacionarse de un modo estrecho a esta civilización antediluviana, de la cual la civilización hindú ha sido la heredera directa.[46]

De hecho, Blavatsky postula, al igual que Lovecraft lo hará después, la necesidad de encontrar una *realidad histórica* (aun si a veces el método alegórico es invocado) detrás de todos los mitos de las más diversas proveniencias. Estos mitos relatan, en último término, la historia de la vida inteligente antes de *Homo* y del origen mismo de este último, en una supuesta armonía con los descubrimientos darwinianos que son "completados" gracias a los aportes de historia sacro-natural del esoterismo teosófico y la doctrina de las Razas sucesivas que habrían poblado el globo en las eras más remotas.

Este aspecto científico del Mito es importante dado que en todas las fuentes teosóficas se incluyen los escritos de los geólogos y los paleobiólogos del momento.[47] En ese sentido, ¿cómo no pensar en el eco lovecraftiano de algunas páginas de Charles Gould, el geólogo inglés que murió en 1893 en Uruguay y cuya obra *Mythical Monsters* despertó la curiosidad de la Sociedad Teosófica y, quizá, podemos conjeturar de Lovecraft mismo? En un pasaje sobre la antigüedad del hombre, Gould escribe:

---

46 JACOLLIOT, 1874.
47 Entre los geólogos importantes, tempranamente conocidos y defendidos por Lovecraft, hay que mencionar a JOLY, 1915. Del mismo modo, Lovecraft estaba al tanto de las teorías de Frank Bursley Taylor que en 1908 había anunciado a la *Geological Society of America* su idea precursora acerca de la deriva de los continentes. Por ello, es objeto de mención en una obra de la que Lovecraft tenía, cuando menos, referencias muy precisas, esto es, la del gran geólogo WEGENER, 1929 (1922ª). En este sentido, cf. LOVECRAFT, "En las montañas de la locura", en *O.C.*, vol. III: 398.

Comparativamente recientes "comparativamente, es decir, respecto de los vastos eones que los precedieron, pero extendiéndose hacia el pasado en enormes espacios de tiempo si se los contrasta con la duración limitada de la historia escrita" abarcan el período durante el cual la distribución mayoritaria de la tierra y los océanos ha sido obtenida, y las presentes formas de vida han aparecido por evolución a partir de especies precedentes, o, como algunos pocos sostienen, por creación separada y especial.[48]

Los "eones" que manejaban los geólogos son la moneda temporal más preciada por Lovecraft.[49] Del mismo modo, la idea sobre la traslación de la conciencia a través de las especies, un elemento fundamental de la teoría lovecraftiana del sujeto que, como veremos, se halla presente en "La sombra más allá del tiempo", procede, indudablemente, de las sugerencias propuestas por la teosofía. De hecho, Scott-Elliot se refiere a los cuerpos simiescos que permanecieron luego de la llegada de la "ola de vida humana" sobre la Tierra en la Cuarta Ronda y postula que "sus cuerpos bien pueden no haber sido descartados del todo; pueden haber sido utilizados con propósitos de reencarnación para las entidades menos desarrolladas".[50] Sin duda, Lovecraft construirá, a partir de esta fuente, una de las teorías más temerarias sobre el sujeto que se hayan pensado en el siglo XX.

Asimismo, el mítico *Libro de Dzyan*, la fuente que está en el origen de todas las especulaciones de Helena Blavatsky y de todo el círculo de la teosofía, es directamente citado por Love-

48 GOULD, 1886: 87. De hecho, este libro de Baring-Gould figura en el catálogo de la biblioteca personal de Lovecraft que, según el autor, contiene "volúmenes espectrales (*spectral volumes*)" raramente accesibles (LOVECRAFT, 2006: 279). En la misma línea, cf. LYELL, 1863. Del mismo modo, para los antecedentes de Cthulhu, hay que referirse al libro, conocido por Lovecraft, de WINCHELL, 1875. La cita explícita de este último libro puede hallarse en LOVECRAFT. "Commonplace Book", en: *Id. Collected Essays*, vol. 5, 2006: 221.

49 Tan importante es esta medida temporal que aparece en uno de los pareados citados por Lovecraft como proveniente del mítico y temido libro *Necronomicon* en "La llamada de Cthulhu", en *O.C.*, vol. II: 30. Sobre el *Necronomicon* cf. HARMS, Daniel – GONCE III, 2003 (1998ª).

50 SCOTT-ELLIOT, 1994: 21.

craft entre las "terribles recopilaciones de secretos y fórmulas inmemoriales que el tiempo ha ido sedimentando desde los albores de la humanidad, y aun desde los oscuros días que precedieron a la aparición del hombre" en su relato "El morador de las tinieblas" cuando el personaje de Blake encuentra el volumen en la biblioteca de la sacristía al momento de explorar los interiores del lugar.[51] Así, uniendo las referencias, en "El diario de Alonzo Typer", se menciona a la existencia de los lemurianos hace cincuenta millones de años y se destaca que los seis primeros capítulos del *Libro de Dzyan* anteceden a la Tierra y que ya eran antiguos cuando los "señores de Venus" vinieron a civilizar nuestro planeta.[52]

En este punto, la crítica filológica contemporánea no ha dejado de indagar las fuentes posibles de este texto mitológico creado por Madame Blavatsky y luego ficcionalizado por Lovecraft. Una de las hipótesis más fecundas es la que ha avanzado Gershom Scholem, quien sostiene lo siguiente:

> Puede haber muy poca duda [...] de que las famosas estancias del misterioso *Libro de Dzyan*, en el cual el *magnum opus* de Madame H.P. Blavatsky, *La Doctrina Secreta*, está basado, debe algo, tanto en el título como en el contenido, a las pomposas páginas del escrito Zohárico titulado *Sifra-Di-Tseniutha*.[53]

La muy plausible hipótesis de Scholem no deja de apuntar a la fuente directa desde la cual Blavatsky pudo haber obtenido un conocimiento del libro religioso judío, esto es, la *Kabbala Denudata* (1677-1684) que contiene una traducción latina del *Sifra-Di-Tseniutha*.[54] El conocimiento, por parte de Blavatsky, de la *Kabbala Denudata* es indiscutible después de que ella misma lo declarara en su *Isis sin Velo* (1877).

51 LOVECRAFT, "El morador de las tinieblas", en *O.C.*, vol. II: 398.
52 LOVECRAFT – LUMLEY, "The Diary of Alonzo Typer", en LOVECRAFT, *The Horror in the Museum and Other Revisions*, 1989: 303-322.
53 SCHOLEM, 1995 (1941ª): 398-399.
54 ROSENROTH, 1684, vol. II: 347-385.

Junto con las fuentes de inspiración teosófica, Lovecraft utilizó un buen número de textos (en muchos casos, probablemente, sólo como modos de referencia para la construcción de la ficción) que van desde el *Liber investigationis* del pseudo-Geber[55] hasta tratados de demonología como la *Daemonolatreia* de Remigius.[56] Del mismo modo, resulta indudable que para la recreación de "un tipo horrible y clandestino de reuniones u orgías"[57] como las que pueblan alguno de sus escritos, Lovecraft recurrió para inspirarse, como él mismo lo menciona, al libro de Margaret Murray sobre el culto del aquelarre.[58] Más allá de los "efectos de erudición" buscados por Lovecraft con estas referencias, lo importante para nosotros consiste en la transformación del tradicional entendimiento de la ciencia filológica que ellas comportan.[59]

Del mismo modo, es altamente probable que Lovecraft conociese el mito de la Tierra hueca y, por lo tanto, la geografía sagrada constituida por las ciudades mitológicas de Agartha y

---

55   Este libro es mencionado en "El caso de Charles Dexter Ward", en *O.C.* vol. III: 57. Como lo han señalado los estudiosos, Lovecraft unió aquí dos títulos independientes, el *De Investigatione Perfectionis* y el *Liber Fornacum*.

56   REMY, 1596. Este libro es mencionado en "El ceremonial", en *O.C.*, vol. I: 343. Lovecraft también hace referencia a DEL RÍO, 1599. Este último libro, mencionado en "El horror de Red Hook" (*O.C.* vol. I: 479) parece haber llegado al conocimiento de Lovecraft a través de la *Encyclopaedia Britannica*. En "La ciudad sin nombre" (*O.C.* vol. I: 203), Lovecraft señala también entre los libros con conocimientos demoníacos a la obra de Gauthier Metz. Sin embargo, la precisión carece de fundamentación en el contenido real del libro que Lovecraft probablemente conoció a través de su aparición en BARING-GOULD, 1868, vol. 1: 253. Baring-Gould, contrariamente al uso que hace de la mención Lovecraft, se fundamenta en el texto de Metz para establecer la localización legendaria del paraíso terrestre "en una impenetrable región de Asia". Cf., no obstante, METZ, 1913 (circa 1246ª). El libro de Metz se basa, a su vez, en Honorius Augustodunensis. En el mismo relato en el que aparece Gauthier Metz, Lovecraft menciona las "pesadillas apócrifas" de Damascio donde se conservan fragmentos de la *Bibliotheca* de Focio que son citados, asimismo, por el escritor de Providence en su "*Commonplace Book*" (*Collected Essays*, vol. 5: 226) sin que se sepa, con certeza, cómo Lovecraft llegó a tener conocimiento de esta última referencia.

57   LOVECRAFT, "El horror de Red Hook", en *O.C.*, vol. I: 461.

58   MURRAY, 1921.

59   Un listado completo de las fuentes eruditas (reales o imaginarias) mencionadas por Lovecraft pueden encontrarse en el fundamental estudio de Lin CARTER, "*H.P. Lovecraft: the books [as annotated by Robert M. Price and S.T. Joshi]*", en SCHWEITZER, 2001: 107-147.

Shambhala.[60] En cuanto a Agartha, se trata de una ciudad oculta bajo la superficie terrestre y gobernada por un pontífice soberano, el Brahmatma, de origen etíope y de configuraciones casi sobrenaturales. Como señala una las fuentes que han cimentado con mayor persistencia este mito en Occidente:

> En la superficie y en las entrañas de la tierra la extensión real de Agartha desafía el asedio y la constricción de la profanación y de la violencia. Sin hablar de América, cuyos subsuelos ignorados le han pertenecido en una remotísima antigüedad, en Asia solamente, cerca de medio millar de hombres saben más o menos acerca de su existencia y de su grandeza. Pero no se encontrará un traidor entre ellos que indique la posición precisa donde se encuentran su Consejo de Dios y su Consejo de los Dioses, su cabeza pontifical y su corte jurídica.[61]

Desde luego, esta descripción marca una interesante similitud con la ciudad oculta –"lugar sagrado" lo denomina Lovecraft– en la Antártida que los exploradores encuentran "En las montañas de la locura" y probablemente haya en Agartha un modelo de inspiración para esta idea. Del mismo modo, cuando los protagonistas de este relato hallan los bajorrelieves y las estanterías de la antigua civilización de los Primordiales, los describen como "estanterías para los conjuntos de superficie punteada que constituían sus libros".[62] También, en "La sombra más allá del tiempo", se habla de bibliotecas que albergaban "volúmenes de textos e ilustraciones que contenían los anales completos

60 El escritor probablemente tomó contacto con la leyenda de Shambhala por medio de la literatura teosófica. La ciudad es mencionada por Lovecraft en "The Diary of Alonzo Typer" con la grafía "Shamballah". Por cierto, esta literatura teosófica toma su fundamento en una tradición que remonta, al menos, al Renacimiento y que no podemos rastrear aquí. Otros autores, como Julio VERNE, también han explorado esta vía. Baste recordar, a título de ejemplo, su *Voyage au centre de la Terre* de 1864.

61 D'ALVEYDRE, 1910: 28. El propio Lovecraft escribe en "El que susurraba en la oscuridad", en *O.C.*, vol. 3: 297: "en el interior de la tierra hay aberturas que los seres humanos ignoran [...] y hay allí mundos enteros de vida desconocida: K'n-yan, de luz azul; Yoth, de luz roja; y N'kai, negro y sin luz. De N'kai procede aquel terrible Tsathoggua".

62 LOVECRAFT, "En las montañas de la locura", en *O.C.*, vol. III: 396.

de la Tierra, historias y descripciones de cuantas especies han existido o existirán, con detallados historiales de sus artes, logros, idiomas y psicologías".[63] El paralelismo es inevitable con la biblioteca de Agartha acerca de la cual D'Alveydre escribe:

las bibliotecas que encierran el verdadero cuerpo de todas las artes y de todas las ciencias antiguas desde hace quinientos cincuenta y seis siglos, son inaccesibles a toda mirada profana y a todo atentado. Sólo puede encontrárselas en las entrañas de la tierra.[64]

En efecto, el libro de D'Alveydre no carecía de precedentes[65] y, luego, sería legendariamente probado por la posteriormente desacreditada expedición del científico polaco Ferdinand Ossendowski,[66] que contó con la credulidad de René Guénon, quien también escribió sobre Agartha considerándola en un plano más simbólico que real.[67] Por cierto, la historia de Agartha es inseparable de la correspondiente a Shambhala, como no dejaría de subrayarlo Raymond Bernard.[68]

Por cierto, estas fuentes que Lovecraft obtiene de la teosofía no implican, en absoluto, que su interpretación quede circunscrita a

63   LOVECRAFT, "La sombra más allá del tiempo", en *O.C.*, vol. II: 438.
64   D'ALVEYDRE, 1910: 35.
65   JACOLLIOT, Louis, 1873.
66   OSSENDOWSKI, 1922.
67   BERNARD, 1960. GUÉNON, 1927. Desde el inicio de su libro, Guénon respalda la expedición de Ossendowski y se adentra en la exégesis de lo que considera, siguiendo al explorador polaco, el "misterio de los misterios" concerniente al sacro poder regio.
68   Sobre la historia de ambas ciudades y la construcción histórica de su mitología, es hoy fundamental el libro de GODWIN, 1996. Resulta interesante recordar aquí que, muchas de las temáticas teosóficas y lovecraftianas abordadas en este capítulo, han tenido una prolongación en escritores latinoamericanos como, por ejemplo, el explorador y diplomático neonazi chileno Miguel Serrano, quien edificó buena parte de su obra sobre este edificio mitológico. Cf. por ejemplo SERRANO, 1979: 18: "el viaje aquí comenzado debió terminar en los hielos de la Antártida, en busca del misterioso oasis primordial". O bien, en SERRANO, 1979: 142: "La Lemuria no fue destruida por el agua sino por el fuego. Los volcanes vomitaron su lava y torrentes encendidos sepultaron las efigies y los templos [...] Los Titanes de la Luna era andróginos. Sólo con el fuego pudo romperse la unidad y separarse los sexos [...] La Atlántida y nuestra tierra actual fueron y serán destruidas de la misma suerte".

los límites que le imponía el material. Al contrario, no sólo todo el abordaje teosófico tenía una tendencia "espiritualista" ajena al universo de Lovecraft sino que, además, se hallaba orientado por un desiderátum antrópico de primer orden, esto es, todas las fuerzas cósmicas, todas las Razas, todos los seres estelares, en la teosofía, están colocados al servicio de la antropogénesis y de su explicación. En otras palabras, en la teosofía la cosmogonía es una forma de *intelligent design* destinado a confundirse, punto por punto, con la antropología. Nada podría estar más alejado de la perspectiva lovecraftiana.

Para el escritor de Providence,

> Siempre debemos recordar que el espacio no tiene límites; que las ilimitadas extensiones de vacancia se extienden infinitamente más allá de nuestra vista o comprensión, quizá más allá de la aparente región del éter luminoso y más allá del control de las leyes del movimiento y de la gravitación. ¿Qué mente puede aventurarse a describir esos remotos ámbitos donde la forma, las dimensiones, la materia y la energía pueden todas estar sujetas a modificaciones nunca soñadas y a manifestaciones grotescas? Todo lo que conocemos, vemos, soñamos o imaginamos, es menos que un grano de polvo en el infinito. Es virtualmente nada, o en el mejor de los casos no más que un punto matemático.[69]

Está claro entonces: donde la teosofía buscaba la entronización del hombre y de sus potencias, la filosofía de Lovecraft no encuentra sino un sujeto que coincide meramente con un punto matemático y, en cuanto tal, adquiere la plenitud de su insignificancia. Su inexistencia, puede deducirse, no cambiaría en nada el orden del universo, así como, *mutatis mutandis*, su existencia sólo puede ser atribuida a un azar desprovisto de toda significación. De esta forma, la Tierra es el asiento oculto de Razas cósmicas que desarrollan una larvada guerra civil en las entrañas del globo, esperando el momento preciso para tomar el control nue-

---

69   LOVECRAFT, *"Time and Space"*, en *Collected Essays*, vol. 5: 30-31.

vamente de la superficie del planeta hasta consumirlo por completo, abandonándolo a su ineluctable destino de destrucción. La posibilidad de mundos infinitos y yuxtapuestos ya había sido pensada desde los tiempos de Anaximandro; sin embargo, aquí la Tierra no desempeña ningún papel sino completamente contingente y perecedero. Con todo, no es siquiera por una falta o por una injusticia (*adikía*) vinculada a una culpa que el universo desaparecerá "como pensaba Anaximandro" sino simplemente por obra de los procesos naturales del devenir. Por esta razón, la radicalidad de su propósito quedó limitada dentro de su concepción de la multiplicidad de los mundos y del recomienzo perpetuo. En Anaximandro, no existe la extinción absoluta dado que su concepción jurídico-económica presuponía un acontecer perpetuo del castigo. La vida sólo se extinguía para poder volver a ser castigada en un nuevo renacer. La muerte anulaba la pena. Se requería un nuevo nacimiento para la reanudación del ritual de la culpa y el castigo.[70]

En Lovecraft, no existe nada semejante. En los mundos transfinitos sólo aguarda el silencio de la muerte final y la descripción de cualquier mundo posible está más allá de las leyes conocidas por la física más encumbrada. Por ello las ciudades de los teósofos, fuentes iniciales de su inspiración, son rápidamente relegadas al catálogo de lo efímero:

> Aquí se extendía una megalópolis paleógena, en comparación con la cual las fabulosas Atlantis y Lemuria, Commoriom y Uzuldaroum, y la Olathoë de la tierra de Lomar pertenecen al ahora, no son ni siquiera de ayer; era una megalópolis comparable a blasfemias prehumanas pronunciadas en susurros, blasfemias tales como Valusia, R'lyeh, Ib en la tierra de Mnar, y la Ciudad sin Nombre de la Arabia desierta.[71]

---

70 Sobre este punto, cf. el seminal y decisivo estudio de NIETZSCHE, 1988, *Band* 1,2: §4. Asimismo, sobre el sentido de la pluralidad de los mundos, es importante referirse a GIGON, 1968: 66: "*Der Ursprung ist ein einziger, aber Welten wie die unsrige gibt es noch unzählige* [el origen es único, pero mundos como el nuestro los hay infinitos]".

71 LOVECRAFT, "En las montañas de la locura", en *O.C.*, vol. III: 374.

La blasfemia define aquí a la posibilidad de seres que, proviniendo de más allá del tiempo y del espacio, construyen en la propia Tierra las formas de vida negadoras de la Humanidad, sociedades más allá de lo social y temporalidades más allá del Tiempo.

Por esta razón, los rituales invocados por Lovecraft en relatos como "El ceremonial" no hacen sino situarse en un terreno más allá de toda etnología posible. Como lo señala el escritor, intenta acercarse a un tipo de rito "más antiguo que el género humano y destinado a sobrevivirlo".[72] En este sentido, toda etnología es esencialmente antropológica en tanto y en cuanto presupone que los ritos son de origen humano y encuentran su explicación en las leyes que sitúan la vida comunitaria. Para los rituales lovecraftianos, en cambio, no hay etnología posible puesto que su alcance cosmológico sitúa su origen y eficacia en un estadio de la Tierra donde el *Homo sapiens* aún no había caminado por su superficie, donde la vida tal y como la conocemos hoy (o la estudiamos en su pasado reconocible por la ciencia) todavía no había despertado. De esta forma, se trata de un *archi-ritual* pero también de un *ultra-ritual* dado que, desaparecida la vida humana, las ceremonias habrán de proseguirse por otras especies, en otros mundos.[73] Se trata, en este punto, de honrar las potencias que están destinadas a aniquilar el propio cosmos, de alimentar las formas de la vida que, necesariamente, conducen a la inercia de la muerte.

Así considerado, el ritualismo no tiene nada de auténticamente humano. Es la forma por excelencia de una praxis exógena

---

72 LOVECRAFT, "El ceremonial", en *O.C.*, vol. I: 346.

73 Incluso la noción de "especie" pierde aquí toda significación puesto que los rituales lovecraftianos no respetan estas supuestas fronteras biológicas y todos los ritos suelen tener, justamente, un componente que deshace todos los límites entre las especies para producir fusiones, metamorfosis y anamorfosis biológicas de todo tipo hasta el punto en el que se podría afirmar que la trans-especialidad es uno de las condiciones de la eficacia ritual al mismo tiempo que uno de sus objetivos más insistentemente buscados. El problema de la fusión de especies se presenta con particular complejidad en "La sombra sobre Innsmouth", en *O.C.*, vol. II: 235-309.

al hombre y que, sin saberlo, este adopta como forma propia de su constitución como ser social. Pero entonces lo social y sus ritos, en su aspecto formal, es la herencia y la huella más insospechada de que la *societas* y la *communitas* no fueron inventos humanos y de que los hombres sólo replican, torpemente, gestos que los preceden en el tiempo y en el espacio cósmicos pero que también los sucederán cuando ya no estén en la faz de la Tierra. Desde el punto de vista del Mito lovecraftiano, una sociedad es la forma más profundamente inhumana que ha encontrado el hombre para organizar su convivencia. Es la cifra que lo conduce de nuevo a sus orígenes más allá de sí mismo pero dentro de un estricto ámbito de materialismo cosmológico.

De hecho, uno de los rasgos más sobresalientes de la prosa lovecraftiana (aunque, desde luego, cuenta con antecesores y continuadores) es la postulación de una filología histórica, de una ciencia arqueológica y de una paleobiología completamente "fantasiosas" a primera vista. De hecho, no cabe duda en cuanto a su carácter espurio (del cual Lovecraft, evidentemente, era plenamente consciente). Sin embargo, esto no soluciona en absoluto el problema sino que, al contrario, cuestiona acaso con más agudeza que nunca el estatuto de legitimidad de la filología. ¿Cuál es el límite de lo que puede deducirse de un documento histórico? El Mito, justamente, cuestiona las lecturas tradicionales que los filólogos suelen realizar de los textos antiguos. Allí donde los filólogos creen encontrar meras creencias, ideologías o mitologemas, Lovecraft señala indicios de realidades existentes, de cultos secretos, de remotos habitantes prehumanos y cósmicos que precedieron al hombre en su deambular por la Tierra.

En buena medida, Lovecraft retoma y radicaliza el gesto que había definido a la ciencia de los textos antiguos antes de la llegada de la filología histórico-crítica alemana del siglo XIX (donde Gottfried Hermann y Karl Lachmann son dos nombres de peso) cuyo paradigma habría de modelar, en buena medida, los procedimientos de la disciplina hasta la actualidad. Las transgresiones a estas normas siempre se pagaron a un muy alto precio. Baste recordar, simplemente, la polémica que desató *El nacimiento de la tragedia* de Nietzsche a partir de Willamowitz-Möllendorf (quien probablemente se hallaba atizado por Rudolf Schöll) y que acusó al por entonces joven Nietzsche de "apóstol y metafísico" y a sus propuestas teóricas de "genialidad quimérica" e "insolencia".[74]

Evidentemente, al lado de la "filología fantástica" de Lovecraft, las proposiciones de Nietzsche quedan reducidas a la prolijidad de un positivista de ambiciones limitadas. En consecuencia, ¿cómo es posible que esa filología inventada por Lovecraft despierte tamañas adhesiones en sus lectores? Las explicaciones, desde luego, son abundantes pero aquí sólo nos interesa lo que atañe a la filología misma. Si la filología fantástica de Lovecraft resulta tan atractiva, sin duda, se debe al menos, a dos cuestiones de la más alta importancia. En primer lugar, postula una filología que no es una ciencia del hombre sino del cosmos infra y supra-humano. Los documentos y los monumentos que el hombre encuentra no son más que la prueba de su insignificancia ontológica. La filología lovecraftiana, entonces, es una ciencia posible sólo en un mundo donde existe y se postula un universo infinito. En ese sentido, la filología científica todavía se mueve en el "universo cerrado" de los antiguos.

La apertura de la filología a las potencialidades que abre el carácter infinito y transhumano del universo es la altura a la que Lovecraft pretende llevar las especulaciones históricas. Ciertamente, lo hace sólo a través de la vía de la falsificación y la ficcionalización pero de esto, lo repetimos, era consciente Lovecraft que utilizaba estos procedimientos como artificios de su escritura. Lo que debemos retener es el desafío lanzado a la filología. ¿Es posible que la filología pueda renovarse a partir de una comprensión completamente diversa del lugar del hombre en el cosmos?

---

74 WILLAMOWITZ-MÖLLENDORF, 1872.

En segundo lugar, la filología fantástica de Lovecraft deja la puerta abierta al problema de una comprensión nueva de la historia de la política y del poder. Tomemos, por ejemplo, una divisa clásica en la definición del poder soberano en la época misma en que Lovecraft escribe sus ficciones. Hacia 1922, el jurista Carl Schmitt enunciaba: "es soberano quien decide sobre el estado de excepción".[75] En la obra del escritor, la soberanía es un concepto absolutamente imposible de circunscribir al espacio humano. Las Grandes Razas no sólo ejercieron el poder en el pasado, sino que lo ejercen el presente. Desde este punto de vista, todo poder humano es temporariamente delegado hasta tanto las poderosas razas cósmicas asuman nuevamente el control y el arrasamiento definitivo del planeta.

El gran Cthulhu, por ejemplo, aún actúa sobre la vida del mundo humano, procurando regresar a su reinado:

> El gran Cthulhu, sin duda, debió quedar atrapado por el hundimiento, mientras estaba en el interior de su negro abismo, o de lo contrario el mundo estaría ahora gritando de miedo y furia. ¿Quién sabe lo que sucederá al final? Lo que ha emergido puede hundirse, y lo que se ha hundido puede emerger otra vez. La mayor de las blasfemias espera y sueña en las profundidades, y la decadencia circula entre las débiles ciudades de los hombres. El día llegará.[76]

El poder de los hombres, más profundamente aún, no es sólo contingente debido al carácter temporario de su existencia sobre la Tierra antes de la Sexta Extinción sino que señala, decisivamente, que el poder mismo no pertenece a los hombres sino a las Grandes Razas que dominan los secretos cósmicos. El poder, en este sentido, pertenece netamente a las capacidades naturales del cosmos, a su despliegue inaudito en dimensiones más allá de la comprensión humana. En este punto, todo poder humano es sólo una modelización localizada, precaria y vicaria de

---

75 SCHMITT, 2004 (1922ª): 13: *"Souverän ist, wer über den Ausnahmezustand entscheidet"*.
76 LOVECRAFT, "La llamada de Cthulhu", en *O.C.*, vol. II: 47.

las potencias que rigen el universo infinito y de cuya fuente las Grandes Razas han alimentado su fuerza.

Por cierto, una vez más, la lección que podemos extraer de Lovecraft va más allá de sus fabulosas creaciones literarias y de su escenario intergaláctico. Para la filosofía venidera, lo importante es retener las siguientes proposiciones:

1) "el poder es intrínsecamente exógeno a la naturaleza humana y su ejercicio sólo es prostético para *Homo*";

2) "el poder es una modelización localizada y ontológicamente disminuida de las potencias naturales del cosmos";

3) "si *Homo* tiene la capacidad de ejercer el poder, esto es ontológicamente posible debido a su inclusión en el cosmos y no como resultado de una propiedad endógena";

4) "una *microfísica* del poder es inconcebible sin una articulación con una *macrofísica* del poder entendido como despliegue del habitar (in)-humano en los abismos de un universo infinito".

Si estas proposiciones pueden ser concebidas como el legado de Lovecraft para una teoría del poder aún por pensarse, estaría justificado sostener que el escritor de Providence ha sido uno de los pensadores de lo político más provocativos del siglo XX, haciendo que las teorías de Michel Foucault resulten un intento cuando menos modesto, por no decir precario. Sólo que su concepción no se escribió, *more geometrico*, en el lenguaje demostrativo de la teoría sino en los pliegues de la ficción literaria como *tópos* para asentar un diagrama de pensamiento. En este sentido, el *dominium mundi* no pertenece al hombre. Este sólo habita un planeta que le ha sido prestado por azar en un universo al que jamás tendrá acceso. El Mito, de esta forma, no es más que la declaración extrema de la condición humana cuando ya han caído todos los velos del falso (post)-humanismo.

II

Más allá
de la hiper-ciencia

El universo como receptáculo de la analepsis onírico-material

Mucho antes, pero suficientemente cerca, de que Lovecraft comenzase a escribir sus ficciones correspondientes al ciclo de los "grandes relatos", tuvo lugar la publicación, hacia 1900, de una cima del pensamiento del siglo XX: *La interpretación de los sueños* de Sigmund Freud. "Simbolismo pueril" fue la calificación que Lovecraft atribuyó a esta obra del gran psicoanalista vienés. Sin embargo, no debe subestimarse el impacto de este libro en la obra de Lovecraft y la polémica, oscura y secreta, que siempre mantuvo con él hasta el final de sus días. En un momento crucial de su argumentación, Freud invoca la autoridad de Virgilio (*Eneida* VII, 312); dice el poeta: "*Flectere si nequeo superos, Acheronta movebo*". Sin embargo, las regiones infernales que deben moverse son aquí las mociones pulsionales frente a los esfuerzos de la conciencia. El mundo de los antiguos dioses es reducido a un complejo donde operan las "formaciones de compromiso" (*Kompromibbildungen*) y donde la interpretación es la vía regia de acceso al inconsciente, humano demasiado humano del paciente.[77]

Sin duda, esta aproximación al sueño no podía complacer a Lovecraft.[78] No obstante, el discípulo herético de Freud, Carl

---

77 FREUD, 1925 (1900ª): 525.
78 LOVECRAFT, "*In Defense of Dagon*", en *Collected Essays*, vol. 5: 52: "prefiero aferrarme a un tipo de explicación más fantástica sobre el mundo de los sueños que las ofrecidas por el Prof. Dr. Sigmund Freud –sólo las ilusiones y los misterios insolubles son realmente fascinantes para la imaginación".

Gustav Jung, elaboró una teoría acerca de los sueños que, con mucho, resulta más próxima, al menos en apariencia, a las preferencias de nuestro escritor.[79] Para Jung, ante todo, el sueño es el modo más prístino para el conocimiento de la facultad *simbolizadora* del hombre. Ya el mismo Freud había desarrollado la noción de "restos arcaicos" (*archaische Überreste*) que Jung retomará y que será fundamental para su teoría de los arquetipos. Estos antiguos vestigios, según Jung, presentan una relación directa con los ritos y mitos más primitivos. Desde este punto de vista, los sueños tienen para Jung un origen que sólo es parcialmente humano pues dependen también de los procesos de la Naturaleza que, para el psiquiatra suizo, se reflejan en las mitologías de la Antigüedad o en las fábulas de los bosques primitivos.

Como es sabido, Jung concebía a los arquetipos como una tendencia hereditaria que posee el alma humana para formar representaciones de motivos mitológicos que, más allá de las variaciones históricas, no dejan de poseer un patrón básico. De allí la estrecha relación entre los arquetipos y los símbolos religiosos pues, tanto uno como otros, tienen la posibilidad de otorgar significado a la vida del ser humano.[80] Con todo, el acervo propio de los arquetipos pertenece a la recapitulación de la entera experiencia *humana*:

> Lo que Jung estaba proponiendo era una valiente extensión [...] más allá de la memoria individual para abarcar la mayor perteneciente de la Humanidad. Su suposición era que nada de lo que la Humanidad había alguna vez experimentado estaba ver-

---

79 Sobre la influencia de Carl Gustav Jung en la literatura de Lovecraft cf. LEVI ST. AMAND, 1977. Además, resulta de estimulante interés (aunque diferimos del autor en sus conclusiones), PRICE, 1982.

80 JUNG, 1981: 199-285. Nos hemos apoyado aquí en este texto de Jung que, por razones cronológicas, no fue leído por Lovecraft y que, además, en su forma actual, fue sólo publicado *post-mortem* en la edición de sus *Obras*; sin embargo, dada su sistematicidad estamos autorizados para utilizarlo como un método de comparación de la concepción junguiana en su forma más madura. Para un interesante análisis de la concepción junguiana del sueño, cf. SHAMDASANI, 2003: 100-162.

daderamente perdido [...] los residuos de las experiencias pasadas habían dejado sus huellas en el inconsciente colectivo.[81]

Lovecraft presenta su concepción del sueño arquetípico al inicio de "El Horror de Dunwich" a través de un extenso y decisivo epígrafe del escritor inglés Charles Lamb:

> Las Gorgonas, las Hidras y las Quimeras, las terribles leyendas de Celaeno y las Arpías [...] son meras copias, semejanzas; los arquetipos (*archetypes*) están dentro de nosotros y son eternos [...] Se remontan hasta antes de que existiera el cuerpo humano. No necesitan siquiera de él, porque de todas maneras habrían existido. El hecho de que el miedo del cual tratamos aquí sea puramente espiritual [...] y que predomine en el período de nuestra inocente infancia, plantea problemas cuya solución puede aportarnos una idea de nuestra condición anterior a la llegada al mundo o, cuando menos, un atisbo del tenebroso reino de la pre-existencia.[82]

En principio, la cita muestra cómo Lovecraft podía hacer suya una noción de arquetipo que no sólo tenía ascendencia junguiana sino que abrevaba en fuentes comunes, tanto al escritor como al psicólogo, dado que la noción, como se sabe, al momento de escribir Lovecraft, se hallaba ampliamente expandida en diversos campos del saber desde la filosofía y la literatura hasta la historia natural (de Goethe hasta Geoffroy Saint-Hilaire).[83] No obstante, el arquetipo en el escritor de Providence, remonta a un período prehumano algo que, en Jung, quizá llevado al extremo podría admitirse. Sin embargo, para el psicólogo, la modelización del mundo natural por parte del hombre arcaico desempeña un papel fundamental en la conformación de la simbolización arquetípica. En Lovecraft, en cambio, el arquetipo

---

81 SHAMDASANI, 2003: 233.

82 LOVECRAFT, "El Horror de Dunwich", en *O.C.*, vol. III: 187. Aunque Lovecraft no da todos los detalles de la cita, esta proviene de LAMB, 1836, vol. II: 154.

83 Para una interesantísima discusión del problema del arquetipo en su relación con la analogía y la homología en el ámbito de la historia natural pero que, con mucho, excede ese campo, cf. OWEN, 1848: 1-19.

es completamente *independiente* de toda formulación humana y, en rigor, habría existido aun si *Homo* jamás hubiese emergido en la Tierra y continuará vigente incluso después de la extinción del último homínido.

Para el materialista que es Lovecraft, esta posibilidad está dada, en principio, por la existencia de la vida no-humana y de civilizaciones intergalácticas que precedieron la llegada del hombre. Sin embargo, el sueño es el lugar privilegiado donde *Homo* puede encontrar la prueba más completa de esos estadios civilizatorios arcaicos[84] antes de hallar, como ocurre en los relatos, las ruinas arqueológicas aterradoras (las cuales, por cierto, no resultan tan eficaces como el sueño en cuanto a la completud de la transmisibilidad). En este sentido, el suelo profundo del sueño humano es completamente *a-humano* (siendo, muchas veces, *anti-humano* y radicalmente hostil) y se halla poblado de las pruebas fácticas de la historia cósmica y paleobiológica de la Tierra y, más allá, del propio universo. Como puede verse, la ambición desplegada por Lovecraft para el contenido onírico va mucho más allá que las fuentes que le sirvieron como punto de partida.

Así, por ejemplo, en "Los sueños en la casa de la bruja", Walter Gilman, durante sus experiencias oníricas, se ve compelido a "conocer al Hombre Negro e ir con ellos hasta el trono de Azathoth, en el mismo centro del caos esencial".[85] La referencia al Hombre Negro bien podría ser compatible con Nyarlathotep, un mensajero de los Primordiales que, según los continuadores literarios del Mito, está llamado a traer la destrucción final a la Tierra. En cualquier caso, el sueño actúa aquí como un polo completamente desligado de las propiedades singulares del sujeto soñante o de cualquier componente traumático reprimido.

---

84 Resulta provechoso señalar que Lovecraft poseía en su biblioteca personal (LOVECRAFT, 2006: 279) el volumen de Walter Scott sobre demonología donde se señala que este tipo de visiones tiene lugar especialmente en el sueño. Cf. SCOTT, 1830: 6.

85 LOVECRAFT, "Los sueños en la casa de la bruja", en *O.C.*, vol. II: 323.

El sueño es el vehículo a una tierra no sólo autónoma respecto del soñante sino también, sobre todo, capaz de conducir al sujeto a remotas distancias del cosmos o a recónditos escondrijos del pasado prehumano. Desde este punto de vista, el sueño constituye la vía regia de acceso a la verdadera historia *universal* que la conciencia de los *homines* ha ocultado a lo largo de milenios.

De igual manera, el sueño es el modo en que las diversas entidades lovecraftianas actúan sobre el mundo humano para influir en su devenir, en su micro-historia factual. Por esta razón, también el sueño adquiere, por esta vía, una neta significación política. Así, el joven Wilcox de "La llamada de Cthulhu", "al irse a dormir tuvo un sueño sin precedentes sobre ciclópeas ciudades de titánicos sillares de piedra y monolitos que alcanzaban el cielo [...] anunciando un horror latente".[86] De hecho, en ese sueño, una no-voz le transmitía un sonido que, transliterado, arrojaba el siguiente mensaje: "en su morada de R'lyeh, el difunto Cthulhu espera soñando".[87] En esta especie de dístico inhumano se revela el procedimiento del gran Cthulhu en particular (y de los Primigenios en general), esto es, la utilización del sueño como la vía *par excellence* de la influencia de las entidades no-humanas sobre los hombres.

En la onto-biología lovecraftiana, los Primigenios y los Dioses Externos son inconmensurables respecto de los seres humanos pero, en el mundo de los sueños, se propicia una zona ontológica común, el punto donde confluyen los seres más radicalmente opuestos entre sí, por preeminencia y distancia de especie. Por lo tanto, el sueño es, en el mundo lovecraftiano, una especie de dominio trans-espacial y trans-temporal donde todos los seres del cosmos pueden coincidir en un letargo común. Todo ocurre como si el sueño fuese la *terra incognita* donde todas las

---

86 LOVECRAFT, "La llamada de Cthulhu", en *O.C.*, vol. II: 14.

87 LOVECRAFT, "La llamada de Cthulhu", en *O.C.*, vol. II: 22. En la transcripción lovecraftiana de la lengua de Cthulhu a partir de los "sacerdotes de los pantanos de Luisiana" se lee: *"Ph'nglui mglw'nafh Cthulhu / R'lyeh wgah'nagl fhtagn"*.

fuerzas del cosmos actúan unas sobre otras mostrando la ilusión que conlleva todo espacio, todo tiempo y toda historia que son allí anulados. Dicha *extraterritorialidad onírica*, no obstante, no es un lugar neutral ni pacífico; todo lo contrario, muchas batallas decisivas por el dominio del cosmos acaecen en su seno que, por ello mismo, se erige como una de las surgentes del Horror.

Por esta razón, el gran Cthulhu ejerce una verdadera *onirarquía*, un dominio de la humanidad a través de los sueños. El objetivo es guiar a los sacerdotes de su culto cuando las estrellas estén en posición para que, llegado el momento, los Primigenios resuciten para reclamar su señorío sobre la Tierra:

> esos tiempos serán fácilmente reconocibles, porque entonces la humanidad se habrá vuelto como los Primigenios, libre y salvaje, más allá del bien y del mal, dejando a un lado la ley y la moral; y todos los hombres gritarán y matarán, y gozarán alegremente.[88]

Los sueños cobijan, por ello mismo, también las potencias de la anarquía y son el bastión político último sobre el que descansan las aspiraciones de todas las criaturas cósmicas y los deseos revueltos de una humanidad planteada por Lovecraft en la fase final de su decadencia.

Cuando nuestro escritor aborda la cuestión onírica lo hace en estrecha relación con la geometría espacial y el vector temporal. En "Los sueños en la casa de la bruja", se revelan los estudios matemáticos de Gilman:

> el cálculo no euclidiano y la física cuántica bastan para violentar cualquier cerebro [...] Gilman era de Haverhill, pero sólo después de haber ingresado en el colegio universitario de Arkham

---

88 LOVECRAFT, "La llamada de Cthulhu", en *O.C.*, vol. II: 29. Sin duda las alusiones al "estado de naturaleza" y a Nietzsche, no son casuales dado que Lovecraft conocía muy bien a filósofos como Hobbes o Nietzsche. Como prueba, baste el erudito (¿y sarcástico?) texto de LOVECRAFT, nunca publicado en vida, titulado *"Some causes of self-immolation"*, en *Collected Essays*, vol. 5: 77-84. La filiación con Max Stirner del pasaje, aunque sea a través de Nietzsche, por cierto, tampoco puede ser descartada.

empezó a asociar sus conocimientos matemáticos con las fantásticas leyendas de la magia antigua.[89]

De hecho, inmediatamente se detallan algunos de los autores de física leídos por Gilman: Planck, Heisenberg, Einstein y de Sitter. Como puede verse, en algunos momentos, Lovecraft utilizó las matemáticas como un método que formalizaba las experiencias propias de la magia que permitía adentrarse en los secretos del universo.

La exploración de las posibilidades literarias de la física no era algo estrictamente original de Lovecraft dado que, por ejemplo, en la novela de Edwin Abbott Abbott, *Flatland*, ya había sido tratado el problema de la multidimensionalidad.[90] Sin embargo, el gesto propiamente lovecraftiano es tratar de ir más allá de los límites que la física moderna había establecido para sus propios postulados. Escribe Lovecraft:

> Cualquier ser procedente de un lugar del espacio tridimensional podría sobrevivir probablemente en la cuarta dimensión [...] el tiempo podría no existir en ciertas franjas del espacio, y al entrar y permanecer en ellas se podría conservar la vida y la edad indefinidamente, sin padecer jamás el deterioro orgánico, excepto en cantidades insignificantes y como resultado de las visitas al propio planeta o a otros similares. Por ejemplo, se podría pasar a una dimensión sin tiempo y volver a ella tan joven como antes en un período remoto de la historia de la Tierra.[91]

Al mismo tiempo, las regiones trans-dimensionales son el cobijo precisamente de las entidades más temidas del universo lovecraftiano: "en algún lugar situado más allá de nuestra galaxia, o en las negras vorágines del postrer vacío del caos, en donde reina Azathoth, del demonio-sultán desprovisto de mente".[92] De

---

89 Lovecraft, "El sueño en la casa de la bruja", en *O.C.*, vol. II: 312.
90 ABBOTT ABBOTT, 2005 (1884ª). En este libro es particularmente la esclarecedora introducción de Thomas Banchoff en la edición citada.
91 LOVECRAFT, "El sueño en la casa de la bruja", en *O.C.*, vol. II: 320 y 338.
92 LOVECRAFT, "El sueño en la casa de la bruja", en *O.C.*, vol. II: 347.

modo que el universo que Lovecraft propone es infinito en grado absoluto. Por ello, las leyes de la relatividad también pueden ser suspendidas y se tornan concebibles las multidimensionalidades, algunas de ellas sin tiempo. Así, los viajes temporales hacia el futuro y hacia el pasado se vuelven completamente viables y, por ende, el escritor puede permitirse recusar a Einstein:

> ¿sabe usted que Einstein está equivocado, y que ciertos objetos y fuerzas pueden moverse con una velocidad superior a la de la luz? Con la ayuda apropiada espero viajar hacia atrás y hacia delante en el tiempo, y ver y tocar el pasado remoto y las épocas futuras.[93]

Por ello mismo, el espacio aquí concebido no sólo va más allá de los límites de la física sino que alberga, como condición fundamental de su matematicidad abismal, la posibilidad misma de la destrucción de la humanidad. Escribe Lovecraft:

> Era sobre todo una fuerza que no pertenece a la zona que habitamos del espacio sideral, una fuerza que actúa, crece y obedece a otras leyes, muy distintas a las que rigen nuestra naturaleza. A ninguno de nosotros se nos ocurre invocar tales seres del exterior, sólo lo intentan las personas y los cultos más abominables [...] unos seres a los que iban a dar forma terrestre para que borraran de la faz de la tierra a la especie humana y arrastraran a nuestro planeta, al fondo de algún lugar execrable, para alguna finalidad de naturaleza igualmente maligna.[94]

Según los fundamentos del Mito, las leyes del cosmos descubiertas por la física moderna (desde Einstein hasta la mecánica cuántica) son sólo un fragmento posible de las numerosas leyes que aún restan por descubrir en zonas inimaginables de un universo infinito que se rige por principios cosmológicos completamente desconocidos, hasta el presente, por la ciencia humana.[95]

---

93 LOVECRAFT, "El que susurraba en la oscuridad", en *O.C.*, vol. III: 296.
94 LOVECRAFT, "El Horror de Dunwich", en *O.C.*, vol. III: 244.
95 Tal vez el propio Lovecraft se habría sorprendido de que, en la actualidad, algunos científicos, aún minoritarios, tomen en cuenta ciertos problemas que él mismo había

De todos modos, la teoría general del Mito lovecraftiano sostiene la absoluta interacción entras todas las regiones del Cosmos
infinito, con lo cual, los pasajes constantes de universos y dimensiones se torna no sólo una realidad dentro del mitologema
sino que, además, comporta la raíz de todos los peligros pues
el Cosmos ha dejado de tener cualquier significación acogedora
para el hombre para transformarse, en cambio, en la fuente de
su Aniquilación como especie.

La misma situación tiene lugar en la concepción lovecraftiana de la arquitectura de las construcciones ciclópeas de los Primordiales. Así por ejemplo, al momento de llegar al lugar donde habita el Gran Cthulhu:

> como Wilcox hubiera dicho, toda la geometría del lugar era
> incorrecta [...] en aquella fantasía de distorsión prismática
> la puerta se deslizaba anómalamente en sentido diagonal, de
> modo que todas las leyes de la materia y la perspectiva pare-
> cían trastocadas.[96]

De modo similar es descripta la urbe de los Primordiales:
"una ciudad ciclópea de arquitectura no conocida ni imaginada por el hombre [...] que suponían monstruosas desviaciones
de las leyes geométricas".[97] De hecho, Lovecraft intenta ir más
allá de las geometrías no euclidianas para, una vez más, señalar
la posibilidad de nuevas leyes geométricas desconocidas para el
hombre pero que rigen no sólo otros vastos sectores del cosmos
inexplorado sino también las construcciones que las antiguas Razas dejaron enterradas en las entrañas de la Tierra.

Muchas veces, de hecho, el sueño es el modo de pasaje y la
vía de aprehensión de estos espacios más allá del universo conocido y sus dimensiones. Sin embargo, ¿qué lección puede ex-

entrevisto. Por cierto, el postulado de la radicalidad del Mito sigue siendo completamente
verdadero aun frente a los nuevos horizontes científicos. Cf. KAKU, 1994 y 1995. Más
recientemente, KAKU, 2009.

96   LOVECRAFT, "La llamada de Cthulhu", en *O.C.*, vol. II: 43.
97   LOVECRAFT, "En las montañas de la locura", en *O.C.*, vol. III: 353.

traer la filosofía de esta experiencia literaria extrema que propone el Mito lovecraftiano? Precisamente, tomar como desafío para el pensamiento aquello que el Mito escenifica como posibilidad realizada. En efecto, y más allá de los contenidos fantásticos del Mito, tal vez ha llegado la hora para que la filosofía vuelva a pensar que el sueño puede ir más allá de los confines del síntoma y de los complejos. Pero, al mismo tiempo, que pueda ser la puerta de acceso no al arquetipo constitutivo de lo humano sino a aquello que de más extranjero y a-humano habita en el hombre.

Desde este punto de vista quizá sea posible pensar el sueño sin que este sea el guardián secreto de nuestros anhelos identitarios. El sueño, nos desafía a pensar Lovecraft, es una *hendidura* en lo humano que abre a mundos donde la conciencia de la filosofía clásica es incapaz de penetrar y, por lo tanto, devela que el pensamiento está permeado, de principio a fin, por un otro-que-sí-mismo. Quizá la otredad del sueño sea un más allá del pensamiento y de todas sus potencias que la mera categoría de inconsciente no llega a aprehender sino de un modo insuficiente pues, si bien el lenguaje y la imagen pueden ser las puertas de acceso, no constituyen su sustancia. Por lo tanto, la *sustancia del sueño* aún puede esconder los secretos nunca suficientemente explorados de una metafísica que ha buscado, desde hace tiempo, exorcizar su carácter analéptico constitutivo.

Por otra parte, Lovecraft concebía un universo en infinitud absoluta. En este sentido, sin duda, la filosofía debería tomar la palabra en el debate acerca de si existe un universo infinito absoluto o, por el contrario, este se halla reducido a la escala del universo observable. Lovecraft, a través del Mito, recuerda que aún puede ser tarea de la filosofía el pensar el universo y su constitución. La cosmología, en este sentido, no tiene por qué ser un patrimonio exclusivo de la ciencia física. La filosofía puede y debe pensar si el espacio se reduce al esquema que la física presenta acerca del mismo o si otras posibilidades son concebibles a partir y más allá de los datos hasta ahora disponibles.

En otras épocas, y para quedarnos solamente en tiempos cercanos, la filosofía podía medirse con la física y la matemática en términos de igualdad. No es casual que Kant haya desafiado a Newton[98] y Bergson a Einstein.[99] Más allá de cómo terminaran dichas disputas, lo importante reside, para nosotros, en rescatar –y Lovecraft constituye un ejemplo en este sentido– la posibilidad de una filosofía cosmológica o, dicho de otro modo, la *necesidad* de que la metafísica vuelva a retomar los problemas centrales de su historia, desde la sustancia al sujeto, desde el universo hasta las pasiones, superando las aporías del historicismo y pasando la prueba a la que fue sometida por la etapa deconstructiva del siglo XX. La *Destruktion* de la metafísica sólo hizo posible afinar la lucidez acerca de cuánto podían haberse estrechado sus miras pero de ningún modo ha significado su superación o abolición.

De hecho, la filosofía de Lovecraft es paradigmática de nuestro concepto de analepsis donde los flujos temporales y espaciales que rigen el Universo son interrumpidos y desbancados por fuerzas proto-cósmicas que preceden incluso a la existencia de este Universo dentro del complejo de los múltiples mundos posibles. En este sentido, la filosofía está obligada a dejar de ser una simple *ancilla scientiae* y a tomar por las astas la posibilidad de pensar por sí misma las categorías del espacio-tiempo que el mundo onírico desafía constantemente.

Debemos, entonces, todavía medirnos con experiencias primordiales como el ámbito de los sueños que se revela no como ilusión neurológica o arquetípica de un sujeto consciente sino como una topología concreta que forma parte de lo que entendemos por realidad y que nos pone en directa relación con un *Outside* que sobredetermina el decurso óntico-ontológico de

98   Sobre Kant y Newton, cf. WATKINS, Eric, 2001: 111-128 y, asimismo, MASSIMI, 2008: 1-36.

99   Sobre esta disputa que aún sigue siendo fundamental para comprender la deriva de la filosofía actual, cf. BERGSON, 1992 (1922ª). La bibliografía sobre la controversia entre Bergson y Einstein es abundante. Cf. no obstante, CAPEK, 1971; BARREAU, 1973: 73-134. Más recientemente, es necesario referirse al estudio de DURING, 2007: 259-294.

nuestro Universo. El sueño, que altera todos los postulados de cualquier geometría pre o post-euclidiana, es una región autónoma de lo existente que, con seguridad, no puede ser dicha en el insuficiente vocabulario del Ser. Por eso la analéptica, como filosofía allende el Ser, es una de las formas posibles de indagar esta nueva geografía. Dicho en otros términos, ha llegado la hora de propugnar por una metafísica post-historicista que sea capaz de traspasar las barreras del significante.

III

El teorema del sujeto como punto trans-corporal

Hay en Lovecraft una inusitada teoría de aquello que, con moderna osadía, podríamos denominar el sujeto. Se trata, sin embargo, de un *sujeto acechado*, que jamás puede pronunciar "yo" sin hacer hablar, en ese mismo instante, a las más ominosas voces de los pliegues más insondables del cosmos. Sin embargo, esta afirmación requiere algunas aclaraciones preliminares. En la filosofía, es sumamente reciente la utilización de la denominación de "sujeto" aplicada al *hypokeimenon* que pasa a ser identificado como un *substratum* que coincide con una apercepción o, más tarde, con una (auto)conciencia individual fundada en alguna forma de identidad. En estricto rigor, esta concepción del sujeto es, incluso, post-cartesiana (probablemente kantiana) incluso si el pensamiento medieval puede haber contribuido genealógicamente a ella.[100] Aun así, la propia noción de sujeto (y lo mismo vale para ciertos derivados como los de "subjetividad", "modos de subjetivación", entre otros) se ha prolongado en la filosofía contemporánea hasta significar casi lo contrario de la noción fundacional a partir de una conciencia (trascendental) identitaria.

En efecto, Émile Benveniste definía, en 1958, a la "subjetividad" del siguiente modo:

---

100   Como punto de partida, cf. BOULNOIS, 2007.

La capacidad del locutor de plantearse como "sujeto". Se define no por el sentimiento que cada quien experimenta de ser él mismo (sentimiento que, en la medida en que es posible considerarlo, no es sino un reflejo), sino la unidad psíquica que trasciende la totalidad de las experiencias vividas que reúne, y que asegura la permanencia de la conciencia. Pues bien, sostenemos que esta "subjetividad", póngase en fenomenología o en psicología, como se guste, no es más que la emergencia en el ser de una propiedad fundamental del lenguaje.[101]

Desde este punto de vista, como tendremos ocasión de ver, la "unidad psíquica" que define al sujeto que se trasciende en su advenimiento en el Ser a partir del *ego* locucionario es desmentida radicalmente por los postulados de Lovecraft para quien sólo es posible una completa desmultiplicación psico-física. Por otro lado, el lenguaje no será, para Lovecraft, el operador privilegiado del sujeto, quien podrá manifestarse por medios para y supra-lingüísticos.

Sin embargo, es perfectamente posible utilizar esta categoría en forma general. Aun las concepciones directamente opuestas sobre el particular están destinadas a dar alguna explicación acerca del principio de (des-)individuación que subyace como trasfondo común al problema del llamado sujeto. Con todo, dicha categoría, abordada seriamente, resulta indisociable de la estructura cosmológica en la que invariablemente se inserta. En este sentido, si el sujeto moderno es subsidiario del universo galileano y sus herencias matematizantes, la de-subjetivación defendida en la filosofía continental del siglo XX tiene un ligamen (a veces explícito, a veces secreto, pero en todo caso aún deficitario en cuanto a su ambición) con la deriva propia no sólo del galileísmo sino también de la física einsteniana y los desarrollos de la mecánica cuántica.

La concepción lovecraftiana del sujeto no es ajena a estos problemas y es acentuadamente más radical que muchos otros inten-

101 BENVENISTE, 1971: 180-181.

tos al respecto propios de la filosofía contemporánea. De hecho, la relación entre la cosmología y la teoría del sujeto es absoluta y necesariamente co-perteneciente en la concepción presentada por Lovecraft. Por supuesto, el escritor de Providence no avanzó una teoría articulada en cuanto tal, pero la misma puede deducirse, por ejemplo, a partir de los "grandes relatos". Tomemos aquí el caso de "La sombra más allá del tiempo". En este escrito podemos ver cómo se articula una filosofía del sujeto que comporta una serie de principios rectores y de corolarios adecuadamente deducibles.

En primer lugar tenemos un *principio de dislocación temporal*: "mi concepto del tiempo –mi habilidad para distinguir entre consecutividad y simultaneidad– parecía sutilmente alterado; así que me formaba nociones quiméricas acerca de vivir en una época y proyectar la mente por toda la eternidad para obtener el conocimiento de épocas pasadas y futuras".[102] Indudablemente esta proposición se halla influida por la física moderna como no deja de enunciarlo el protagonista del relato: "decían que el doctor Albert Einstein estaba reduciendo rápidamente el tiempo a la categoría de una mera dimensión".[103] La noción clásica de sujeto hacía coincidir la temporalidad con una "coordenada unificadora", variable pero lógicamente presente, garante de la sucesión y de la identidad enmarcada por la *finitud* de la sincronía vital expresada por la muerte y circunscripta a un *continuum* temporal puro.

Sin embargo, el sujeto lovecraftiano no hace del ahora sino un momento cualesquiera de su discurrir temporal. Su punto de subjetivación desconoce la identidad del tiempo finito como vivencia gnoseológica (aunque no como factualidad extrema). El sujeto tiene lugar en una a-temporalidad que no es una condición apriorística sino, al contrario, la posibilidad real de que una posición de sujeto viva, a la vez o sucesivamente (esto resulta indis-

---

102 LOVECRAFT, "La sombra más allá del tiempo", en *O.C.*, vol. II: 426.
103 LOVECRAFT, "La sombra más allá del tiempo", en *O.C.*, vol. II: 427.

tinto), en varias temporalidades donde puede "tomar posición" sin entablar una identidad fija. Resulta, por tanto, concebible para el sujeto lovecraftiano "a partir de los logros producidos por la Gran Raza" establecer una posición en un mundo prehumano o bien deslizarse hasta eones desconocidos y objetivarse en el cuerpo de una especie que sólo habrá de existir en el remotísimo futuro terrestre.

Más allá de las explicaciones técnicas, dicho desplazamiento es posible, en última instancia, debido a que todos los instantes del pasado y del futuro ya existen en *este* instante siendo la lectura cronológica sólo una consecuencia a posteriori de una conciencia finita. Si el tiempo no define al sujeto, tampoco lo hace el espacio, dado que, literalmente, el mismo puede anclarse en cualquier punto del universo donde alguna forma de intelecto pueda surgir y, como veremos, aun si ninguna corporalidad lo sustenta. Lovecraft no dejó de equiparar esta experiencia a la esquizofrenia y el propio protagonista del relato no deja de preguntarse si esta experiencia subjetiva no pertenece, de pleno derecho, a los documentos más sombríos de la psicopatología.

En este sentido, la operación lovecraftiana sobre la esquizofrenia supera, en mucho, los propósitos que guiarán a un libro importante como *El Anti-Edipo* de Gilles Deleuze y Félix Guattari. Si los pensadores franceses concebían el camino de la esquizofrenia como un pasaje del *Homo natura* al *Homo historia* donde Nietzsche podía, en una carta a Burckhardt, declarar, "yo soy todos los nombres de la historia",[104] la esquizofrenia en Lovecraft disuelve todos los límites de la historicidad para constituir al sujeto en la temporalidad de lo pre-histórico y lo post-histórico, de lo intemporal más aun que de lo intempestivo: la posición del sujeto encuentra su *locus* más propicio en la inmensidad de un tiempo que se agota a sí mismo hasta confluir en la eternidad de un ocaso. La historia y todos sus nombres, humanos e inhumanos, son sólo un breve destello en el devenir cósmico de un tiempo

---

104 DELEUZE – GUATTARI. *L'Anti-Ædipe, capitalisme et schizophrénie*, 1972: 28.

que define el lugar de un sujeto que se manifiesta donde lo inteligible acaece con independencia del Nombre y librado de cualquier necesidad de la existencia de *Homo* mismo como sustrato de anclaje a una coordenada de subjetivación.

Con todo, es bien sabido que en Lovecraft existe lo que podríamos denominar "siguiendo a un agudo filósofo y lingüista" algo así como una *regla analística* pues siempre se recurre a la historiografía, la arqueología, la filología pero sólo como fuentes de indagación de aquello que, al final, llevará más allá de toda *arché* y de todo *lógos* o grafía. Por ejemplo, a propósito de la esquizofrenia:

> Mis resultados, obtenidos con la ayuda de psicólogos, historiadores, antropólogos y especialistas mentales de amplia experiencia, y con el estudio de los casos de esquizofrenia correspondientes a los días en que se creó la leyenda de las posesiones demoníacas y que comprendían desde ese remoto período hasta nuestro presente científicamente realista, al principio me inquietaron y no me sirvieron de consuelo.[105]

Sin embargo, la experiencia subjetiva del protagonista de "La sombra más allá del tiempo" no es producto de ninguna de las pruebas dadas por las crónicas de las ciencias humanas y médicas sino de la acción de la Gran Raza como especie extraterrestre colonizadora de la Tierra.

Sin embargo, lo que Lovecraft retiene de la antigua demonología maldita contenida en libros ficticios como el *Cultes des Goules* del Conde d'Erlette, el *De Vermis Mysteriis* de Ludvig Prinn, los *Unaussprechlichen Kulten* de Fridrich Wilhelm von Junzt o incluso el temido *Necronomicon*, no es tanto el radical principio de que todo sujeto puede, mediante ciertos ritos, dar lugar a que el Otro se haga Voz en disonancia dentro del propio pensamiento. Mejor aun, defiende el teorema de que todo sujeto no es tanto pensado por Otro como asiento de las voces de

---

105 LOVECRAFT, "La sombra más allá del tiempo", en *O.C.*, vol. II: 428.

los Otros en tanto entidades autónomas formadoras (y no sólo receptoras) de una posición del sujeto.

La "posesión demoníaca" es ficticia para Lovecraft pues no existe ningún demonio: sólo hay subjetividades Otras que colonizan el pensamiento y actúan, en ese mismo instante, como productoras de una posición subjetiva. Desde este punto de vista, la historia muestra bajo la faz de la demonología los rastros de fuerzas operantes que van más allá de la crónica cuya huella ha quedado en los polvorientos libros o en los oscuros manuscritos. Estas pruebas materiales son sólo el indicio que conduce al realismo de la presencia objetiva de múltiples entidades de pensamiento dentro de una conciencia cualesquiera. Un sujeto es, entonces, el lugar de manifestación de un multi-locuismo cosmológicamente intra y supra temporal.

De aquí se sigue el *principio de la inconsecuencia de la vida humana* planteándose el problema de la extinción de la humanidad como especie. Escribe Lovecraft: "el mito primitivo y las quimeras modernas se unificaban al asumir que la humanidad es solo una —quizá la más insignificante— de las razas dominantes y en extremo evolucionadas que ha habido en la larga y desconocida carrera de nuestro planeta".[106] La Gran Raza existió millones de años antes que *Homo* (e incluso que la vida misma tal y como la conocemos) comenzase en la Tierra y, por cierto, la sobrevivirá. De hecho, "estaban los archivos de extrañas clases de seres que habían poblado el mundo en pasados ya olvidados, y espeluznantes crónicas de inteligencias de cuerpo grotesco que lo habitarán dentro de millones de años, después de la muerte del último ser humano".[107]

La especie humana y *a fortiori* la vida misma en sus formas biológicas conocidas por *Homo* no son necesarias para la existencia del sujeto. Un sujeto no existe forzosamente en ninguna forma *humana* ergo, la subjetividad no tiene nada que ver con

---

106 LOVECRAFT, "La sombra más allá del tiempo", en *O.C.*, vol. II: 438.
107 LOVECRAFT, "La sombra más allá del tiempo", en *O.C.*, vol. II: 449.

el carácter humano de su portador. La eventual humanidad bio-lógica de un cuerpo es sólo un accidente para el sujeto. De allí que, contra una tradición filosófica decididamente moderna, la extinción de la especie humana no constituya obstáculo ningu-no para pensar una teoría del sujeto. Más aun, podríamos decir que, para desarrollar una auténtica teoría del sujeto en Lovecraft, se debería prescindir completamente del prejuicio a favor de la existencia del hombre como sustento de la subjetividad. La es-pecie humana enfrentará su ineluctable desaparición de la faz de la Tierra y, no obstante, la teoría del sujeto no se habrá modifi-cado un ápice, pues su *estructura* no está fundada en la *acciden-talidad* de ninguna forma de vida conocida o por venir.

Debido a ello, Lovecraft puede afirmar: "de vez en cuando, a ciertas mentes cautivas se les permitía reunirse con otros in-telectos capturados del futuro, para intercambiar pensamientos con entidades conscientes de cien, mil o un millón de años an-teriores o posteriores a sus épocas".[108] Como puede verse, aquí encontramos el *principio de la dislocación entre cuerpo e intelec-to.*[109] El sujeto no constituye su identidad basado en un sustrato

108 LOVECRAFT, "La sombra más allá del tiempo", en *O.C.*, vol. II: 440.
109 Esto no equivale a sostener "algo inadmisible para Lovecraft" un principio de escisión dualista entre la *res cogitans* y la *res extensa*. Si bien, a nuestro parecer, el dualismo no contiene nada necesariamente recusable *per se* (a pesar de la condena filosófica contemporánea del dualismo), Lovecraft otorga, en su versión maximalista, un primado ontológico a una intelectividad material que no depende del cuerpo pero que no es desligable de la sustancia cósmica. En este sentido, no hay que confundir el principio de individuación como posición de sujeto con la fenomenología de la relación entre un cuerpo (o, incluso, la vida) con la esfera intelectiva (objeto de indagación legítimo en sí mismo). En este punto, en la contingencia de una coincidencia de un sujeto con un cuerpo, las imbricaciones de su relación lógica no se fundamentan, únicamente, en la individualidad concernida, sino que lo hacen en la constitución misma de la forma general del cosmos, declinable sin fractura ontológica en materia e intelección. Por supuesto, esto sólo es posible en la versión maximalista del Mito lovecraftiano. En sus versiones minimalistas, más conservadoras pero también más escasas respecto de su presencia en los *Scripta* y sus glosas, la intelección es reducida a veces al cerebro como ocurre, por ejemplo, en "El que susurraba en la oscuridad", en *O.C.*, vol. III: 245-316. En este caso, por supuesto, no existe ningún principio dualista sino simplemente un divorcio entre cuerpo y cerebro que presupone a este último como el asiento de la mente o, al menos, siendo más cautos, como un componente necesario de la preservación manifestante de esta última.

biológico que sería su cuerpo unívoco y propio. La propiedad del sujeto no está constituida por su propio cuerpo sino por la capacidad de tomar posición, múltiplemente, en cualquier cuerpo del pasado o del futuro (distinción que, por lo que hemos visto, para Lovecraft carece de sentido). De esta forma, un sujeto no es un cuerpo, no posee un cuerpo, ni habita un cuerpo, más bien se *posiciona* en un cuerpo que, por definición, le resulta *impropio* aún en su momentánea apropiación.

Con todo, podría sostenerse que la *extinción intelectiva*, entonces, es la forma propia de la finitud del sujeto tal y como lo entiende Lovecraft. Los textos pueden inducir a pensar esto cuando leemos conjeturas como la siguiente: "así fue como logró existir la Gran Raza, mientras que la miríada de mentes suplantadas por ellos estaban condenadas a vivir en el pasado, abandonadas para morir en el horror de formas corporales que le eran extrañas".[110] De esta forma, cuando se constituye un sujeto por la irrupción de la otredad múltiple en el intelecto cualesquiera de una época, una *forma mentis* resulta desplazada, vuelta al pasado y condenada a su extinción. La mente, entonces, puede morir cuando no se halla en condiciones de migrar hacia otro soporte corporal cualesquiera. Esta es, podríamos decir, la versión minimalista y conformista de Lovecraft.

Sin embargo, en su forma maximalista, el escritor de Providence arriesga una teoría fascinante: "se intentaba averiguar el pasado y el origen de aquel globo negro, muerto hacía eones, sito en el lejano espacio, del que procedía la herencia mental de la Gran Raza, porque la mente de esta Gran Raza era mucho más antigua que su forma corporal".[111] En la hipótesis maximalista, Lovecraft sostiene la posibilidad de que el sujeto sea originariamente *in-corporal*, siendo la in-corporación un avatar progresivo fruto de una especie de devenir involutivo de la forma conocida como la Gran Raza. En otros términos, existiría

110 LOVECRAFT, "La sombra más allá del tiempo", en *O.C.*, vol. II: 443.
111 LOVECRAFT, "La sombra más allá del tiempo", en *O.C.*, vol. II: 443.

algo así como una filogénesis intelectiva donde todo pensamiento es pensamiento de otro pensamiento y donde todo sujeto es posicionado por otro. Si la mente precede al cuerpo, el sujeto precede a todo sustrato biológico y, cabe especular quizá más allá del propio Lovecraft (pero perfectamente autorizados por el Mito), podría sobrevivir a la extinción no sólo de la vida sino también de la materia.

Una cuestión resulta del todo segura: al contrario de ciertas tendencias actuales, Lovecraft no concebía la existencia de un sujeto que debiera su posición a un determinado sustrato biológico que le diera origen.[112] La subjetividad no es el resultado de la emergencia progresiva o la complejización evolutiva de un núcleo biológico del cual es deudor o forma naciente o prostética. Al contrario, la base física es sólo un medio de manifestación de la posición-sujeto que, en algunos casos, necesita de la forma sensible para la captación del mundo natural (pero no así para la comprensión de ese mundo o para su propia subsistencia intelectiva).

La tesis minimalista supone la migración indefinida pero no infinita de los sujetos de la Gran Raza en "entidades posthumanas"[113] incluso más allá de la Tierra:

Posteriormente, cuando se cerrara el ciclo vital de la Tierra, las mentes transferidas volverían a emigrar por el tiempo y el espacio hasta otro lugar de estancia en los cuerpos de las entidades bulbosas de Mercurio. Pero después de ellos vendrían otras ra-

---

112 Entiéndase bien: esta postura se puede deducir del Mito lo cual no implica, necesariamente, que fuese la convicción personal de Lovecraft en cuanto a sus creencias filosóficas extra-literarias (en el caso de que resulte legítimo adoptar tal distinción pero, a juzgar por las cartas y los ensayos del autor, estamos autorizados a distinguir entre el Lovecraft del Mito –que es el objeto de nuestro trabajo– y el Lovecraft de los textos no literarios).

113 Como puede verse, Lovecraft ya era un consciente cultor del posthumanismo que es una tendencia filosófica más antigua de lo que suelen imaginar sus propulsores contemporáneos cuando creen descubrir allí una novedad. También podrá apreciarse cómo Lovecraft se anticipa a las tesis de los pensadores transhumanistas. Cf. como heredero involuntario e inconsciente del Mito lovecraftiano a KURZWEIL, 2005.

zas, aferrándose de manera patética a este viejo y frío planeta y albergándose en madrigueras excavadas en el corazón del globo terráqueo, hasta que llegara el definitivo final.[114]

Una entropía propia del universo conocido pondría también fin a toda posición-de-sujeto impidiéndole estimarse como realmente eterna.

En este punto, Lovecraft parecería acercarse a posiciones como la de Sigmund Freud cuando hacía suya la tesis que resaltaba "la aspiración más universal de todo lo vivo (*alles Lebenden*) a volver atrás, hacia el reposo del mundo inorgánico (*zur Ruhe der anorganischen Welt*)".[115] Estrictamente hablando, Freud sólo pensaba a escala terráquea mientras que Lovecraft lo hacía a escala de un universo infinito. La corrupción última es pues, el resultado de una entropía que degradaría irremediablemente el curso de la evolución del sujeto intelectivo de la Gran Raza que no recorrería otro camino que el de su ineluctable agotamiento en los oscuros abismos del final del cosmos. Aun así, debidamente ampliada, la tesis freudiana podría parecer adaptable a la posición del escritor. Sin embargo, desde el punto de vista de Lovecraft, no se trata de una vuelta hacia el principio inorgáni-

---

114 LOVECRAFT, "La sombra más allá del tiempo", en *O.C.*, vol. II: 451.
115 FREUD, 1925, Band 6: 256. Extrañas excepciones en el mundo del pensamiento se han hecho cargo de la radicalidad de la tesis freudiana. Sin embargo, la misma tiene un alcance limitado a la vida en la Tierra y, aunque pudiera, con ciertos recaudos, ser extendida al cosmos en su totalidad –aun por el simple hecho de que pudiera sostenerse que la vida biológica no sólo existe en nuestro planeta– su proposición contiene el malentendido de hacer de lo inorgánico la base bio-ontológica de la cual surge y hacia la cual se extinguirá la vida. El nihilismo biologizante de Freud no está a la altura de una tesis que defienda la existencia de una posición-de-sujeto que anteceda y sobreviva, a la vez, a la extinción de la vida *orgánica e inorgánica*. Esta posición subjetiva, en Lovecraft, no implica, sin embargo, un idealismo, pues más allá de la oposición entre lo orgánico y lo inorgánico permanece en el escritor de Providence una férrea actitud filosófica a la cual le cabe perfectamente el nombre de *materialismo*, entendiendo por tal la imposibilidad de la existencia de alguna forma intelectiva que no esté anclada sobre las leyes materiales del universo aún en sus modalidades más extremas y disruptivas. Desde luego, la noción de materia en Lovecraft dista ampliamente de cualquier positivismo y, de hecho, contiene elementos in-materiales que también la tornan posible.

co pues tal cosa no existe como primado ontológico: antes de la materia, estaba la mente inmaterial de la Gran Raza.

Por ello mismo, en otros relatos, como "El que susurraba en la oscuridad", se teoriza acerca de "los arcanos de la entidad originaria", es decir, del misterio de "por qué se encendieron las primeras estrellas de la historia".[116] Esta indagación planteaba entonces la posibilidad de "dominios extra-cósmicos" en donde impera la figura de Yog-Sothoth que estaría más allá de todo universo material concreto, en las puertas mismas de la existencia de universos plurales. Es decir que, más allá de la entropía que envuelve, de modo ineluctable, a nuestro propio universo, todo sujeto tiene su posición originaria en fenómenos primigenios de intelectividad como Yog-Sothoth que, por definición, son eternos y más allá de toda extinción física o intelectiva sin por ello constituir ninguna forma de Dios inmaterial o trascendente. De esta forma, toda teoría del sujeto encuentra en la forma Yog-Sothoth la estenografía de su abismo originario y el trazo más primigenio con el cual debe medir su aparentemente precaria existencia material.

De este modo, podría decirse, por lo tanto, que todo sujeto es mortal no tanto por el carácter finito de la vida (como lo ha pensado a menudo la filosofía moderna) sino por la amenaza de la muerte intelectiva que pesa sobre él. Sin embargo, el auténtico horror está dado en Lovecraft a partir de la constatación, precisamente, de la inmortalidad intelectiva de la *estructura-de-sujeto* que precede y sucederá a cualquier forma de vida posible. Este o aquél sujeto no sobrevivirá pero siempre, *eternamente*, habrá una posición de sujeto a ser ocupada en alguna dimensión (que no es, verdaderamente, ni origen ni final) de los abismos más allá del tiempo.

Tomando todo esto en consideración, podemos decir que la apelación de Lovecraft a la "locura" no es sino la cifra en la cual se resume el punto en el que el sujeto clásico se disuelve para

---

116 LOVECRAFT, "El que susurraba en la oscuridad", en *O.C.*, vol. III: 299.

abrirse a una auténtica subversión subjetiva cuyas consecuencias, en cierto sentido, el escritor no estaba aún dispuesto a aceptar sino mediante la vía de un férreo pesimismo. El cosmos y el *plus-de-cosmos* que significa el trasvasamiento de todos los límites del espacio-tiempo (objetiva o trascendentalmente concebidos, poco importa) sitúa al sujeto en una posición inédita donde ya no hay mundo que pueda constituir un *a priori* ni que, al contrario, pueda transformar a la subjetividad en una entidad objetivada.

Extremando las cosas, la posición subjetiva paradigmática es incluso *acósmica* y se sitúa en un punto en el cual la desposesión de todo atributo lleva a la licuación de toda diferencia efectiva entre mundo y sujeto (reemplazado por una privación de mundo y una caída de toda singularidad unívoca) y donde la manifestación subjetiva coincide únicamente con un infinito potencial que, no obstante, se halla permanentemente en acto en algún punto del multiverso y, por lo tanto, es capaz de devenir simultáneamente su contrario (como puede verse, el principio de contradicción carece, en este nivel de análisis, de toda consistencia ontológica: un principio semejante sólo puede persistir en un *continuum* delimitado).

De este modo, el sujeto no coincide jamás con su conciencia individual. La subjetividad lovecraftiana, en su versión maximalista, siempre se constituye en la exterioridad radical del ultra-tiempo y del sin-espacio. En ese punto, el sujeto está tan alejado de una conciencia como los abismos multi-dimensionales que pueden *hendir* la propia sustentabilidad de un cuerpo (desde el homínido primario hasta la especie más avanzada de los coleópteros posthumanos que imagina Lovecraft). En cierto sentido, el temible Yog-Sothoth puede ser concebido como el *Ursubjekt* o, también, como la forma subjetiva propia y última en la que reside toda subjetividad pasada o por venir. Sin embargo, su propia existencia subjetiva es sólo el resultado de un azar temporal y cabe presuponer que, a su vez, una *hendidura* debe habitarlo para que pueda manifestarse como parámetro subjetivo.

Desde este punto de vista, si la subjetividad es eminentemente una propiedad in-humana que ciertamente puede hacerse visible también en el mundo humano, del mismo modo la estructura que la sostiene está constituida alrededor de un vacío que señala en dirección al infinito absoluto (para semejante posición teórica, Lovecraft utilizaba la cómoda pero engañosa noción de "locura"). Esta es, precisamente, la región ontológica propia del *Un-grund* de la filosofía analéptica.

El psicoanálisis (como la más avanzada teoría moderna del sujeto) retuvo, en su concepción antrópica del psiquismo, a la sexualidad como *resto* que, aun concebible en términos de escrituras matematizantes y literalidades, es la marca del significante-letra-sujeto en el cuerpo. Se ha señalado, no pocas veces, el rechazo de Lovecraft hacia las materias sexuales sin tener en cuenta, sin embargo, que dicha diatriba por lo demás monótona, encubre la posibilidad de detectar aquello que para el escritor es su posición más radical. Puede sostenerse que en la no-coincidencia del sujeto con ninguna corporalidad humana (real, imaginada o simbolizada) y, *a fortiori*, con ninguna corporalidad en absoluto, Lovecraft buscó establecer el carácter completamente superfluo de la sexualidad como resto subjetivo.

En este sentido, si ni siquiera la letra está a la altura de la cosmología que el sujeto lovecraftiano requiere esto se debe a que la estructura subjetiva última se sitúa más allá de toda lengua humana y, finalmente, más allá de todo lenguaje. De esta forma, el sujeto de Lovecraft es meramente un *principio de individuación* que, sólo momentáneamente, permite la manifestación de un punto de atribución intelectiva cuya surgente es, en el mismo acto de su presencia, un vector que señala un punto de pasaje (que no debe ser confundido con una falta) hacia un otro del Otro (gesto, como se sabe, inconcebible en la teoría psicoanalítica más refinada).

Como hemos visto, los principios que guían al sujeto lovecraftiano implican la puesta en entredicho de toda forma de identidad, supone la multiplicación intelectiva como explicación de aquello que, en otro contexto, se ha llamado Inconsciente, destituye la validez del principio de no contradicción y divorcia al sujeto de la conciencia individual y, por supuesto, del sustrato biológico. Desde esta perspectiva, un sujeto adviene cuando se individualiza como la posición no sustancial de apertura a la multiplicidad de voces constitutivas de la estructura-de-sujeto.

Todo esto, Lovecraft puede lograrlo reactivando las fuerzas del Mito. Las necesita para llevar adelante este camino de pensamiento. Para la filosofía (aunque no necesariamente para otras disciplinas), sin embargo, es posible hacer abstracción de los elementos materiales del Mito (desde los insondables extraterrestres hasta los shoggoths o los Tcho-Tchos de la meseta de Leng) para retener, en cambio, aquello que representa el desafío radical del escritor de Providence a toda teoría del cosmos y del sujeto que puede habitarlo.

En el mundo antiguo, Homero declaraba: "los dioses lo saben todo (*Theoì dé te pánta ísasin*)".[117] Por cierto, la sentencia no se refería a una forma de omnipotencia divina que sólo el cristianismo posterior podría proponer. Tan sólo hace referencia a los designios que los dioses ejercían sobre los hombres cuyas acciones no se le podían ocultar a los Olímpicos. Sin embargo, Homero comienza a recorrer un camino que conduce, finalmente, a pensar un Dios como Todo-de-saber en un universo *cerrado*. Esto resulta imposible en el universo lovecraftiano, no sólo porque hay entidades de diversa especie en lugar de los antiguos dioses, sino, sobre todo, debido a que el concepto de *infinitud absoluta* que propone Lovecraft es inabarcable para un dios aunque más no sea porque la transfinitud lo atraviesa también y le impide poder abarcarse a sí mismo. Por lo mismo, cualquier conocimiento Absoluto se torna aquí, por definición, imposible no ya por las limitaciones de los seres finitos como no

---

117 HOMERO, *Odisea*, IV: 379. Para una comprensión del contexto gnómico de la enunciación homérica, cf. el fundamental volumen de GUEVARA DE ÁLVAREZ, 2012: 127-128.

dejaba de señalarlo la filosofía moderna sino por las propiedades mismas del multiverso en cuanto tal. En consecuencia, tomar en serio el legado de Lovecraft no implica, desde luego, creer en sus Mitos (como algunos no cesan de hacerlo) sino comprender el lugar de pensamiento que estos Mitos establecen, los discursos que posibilitan y, sobre todo, los inigualados desafíos que arrojan a quien intente inscribirse en la inveterada tradición de la filosofía. Desde luego, esto no implica, por otra parte, una especie de *Entmythologizierung* del Mito lovecraftiano como cierta exégesis bíblica contemporánea quiso hacer con el mito cristiano.[118] Al contrario, el Mito es parte constitutiva de la comprensión del pensamiento de este escritor puesto que sólo el Mito permite alcanzar la dinámica de la estructura propositiva que habita en la prosa lovecraftiana y, a lo sumo, la tarea filosófica consiste en hacer visibles y formalizables dichas series teoremáticas latentes.

En este sentido, la filosofía tiene aún pendiente la tarea de pensar una teoría del sujeto a la altura de los desafíos que plantea un universo infinito absoluto[119] (para lo cual, desde luego, como hemos dicho, el debate sobre el carácter absoluto o absolutamente observable del universo cobra toda su vigencia). ¿Qué puede significar un sujeto en el marco de un multiverso? En este punto se conjuga la posibilidad misma de la supervivencia de la filosofía, puesto que si no está a la altura de poder pensar este desafío invariablemente no será capaz de sobreponerse al más

---

118   Un gesto que, por cierto, puede detectarse también en los filósofos que, contemporáneamente, se acercan a Lovecraft tratando de excluir los elementos más "incómodos" del Mito en nombre de un Iluminismo mal comprendido que reproduce todas las aporías a las que se enfrenta la exégesis de la mitología cristiana que ha seguido una vía similar.

119   En este sentido, los estudios de Alexandre Koyré son un punto de partida absolutamente necesario aunque hoy insuficientes frente a los nuevos desafíos teóricos que presentan la física y las matemáticas pasadas por el clivaje de la antifilosofía. Cf. KOYRÉ, 1957. Uno de los intentos más serios en esta línea, como es el de BADIOU, 1982, todavía padece un anclaje sobre la historia y la política acontecimental que no está a la altura del desafío lovecraftiano.

agudo y certero de los cuestionamientos que ha sufrido en nombre de la *antifilosofía*.

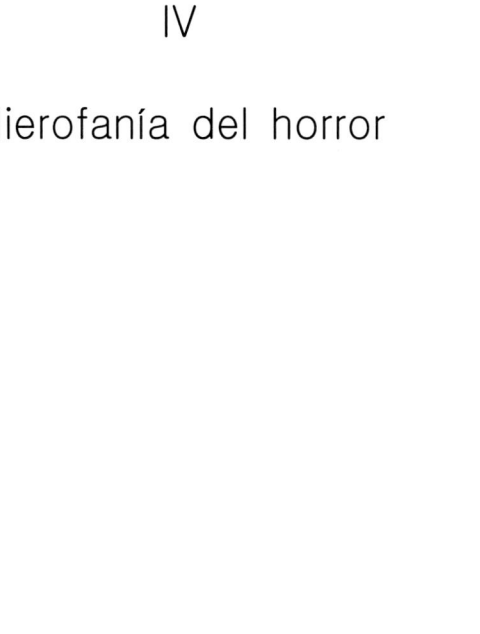

IV

Hierofanía del horror

José de ALZÍBAR. *El ministerio de San José*. Museo Nacional de Arte, INBA, Pinacoteca, ca. 1771.

En la pintura del barroco mexicano de estilo novohispano es donde puede hallarse la que constituye quizá la quintaesencia del sentido último de la teología cristiana como dispositivo teo-ontológico político. Se trata del cuadro, abigarrado de simbolismos de toda especie, titulado *El ministerio de San José*, pintado por José de Alzíbar (ca. 1771). En este cuadro, la jerarquía divina en su totalidad se representa como una oficina celestial que revela el prístino origen teológico-político de toda la administración burocrática moderna y supuestamente laica de la que los Estados modernos son aún la precaria encarnación.

La imagen toma como escena una *stanza* donde se conjugan los diversos grupos que se benefician del ministerio josefino: una pecadora, una familia que escucha a un predicador, un estudiante entogado, una viuda y su hijo junto a su menaje de casa. Se divisa también a un hombre menesteroso, a un moribundo y a su mujer. A la derecha aparecen los retratos de tres clérigos del Oratorio de San Felipe Neri de la ciudad de México. Se hallan alineados por su jerarquía y portan el atuendo característico del alzacuello y la capa talar: uno de ellos es el prepósito José Gómez de Escontría, y otro el padre Juan José González, quien fuera diputado y ex prepósito de esa comunidad. El tercero no ha sido identificado aún por los estudiosos. En el plano superior, sentados en un trono de nubes, san José y el Niño administran los dones que distribuye un ángel alado. Utilizando un cartapacio como apoyo, el padre toma la mano de su hijo adoptivo y juntos escriben sobre una papeleta.

Mientras tanto, en las cumbres de los cielos, el Espíritu Santo santifica sus acciones al tiempo que el Dios Padre, con el cetro en la mano y cubierto por un gran manto blanco se dirige a la esfera celeste y a la vara florecida que la cruza. Finalmente, el globo cerúleo es sostenido con la ayuda de un ángel y un querubín. En posición predominante a la derecha se alza un obelisco sobre una base cuadrangular moldurada que remata en un piramideón galonado por un atado de hojas de palma, una corona dorada y una bengala roja. Este monumento presenta ideogramas egipcios que son el símbolo del buen gobierno. En ese sentido, conviene tener en cuenta el hecho de que las ascensiones al trono de Luis I, Fernando VI, Carlos III y Carlos IV se celebraron en todas las provincias de la Nueva España mediante la erección de obeliscos o pirámides conmemorativas, ubicadas en el centro de sus respectivas plazas mayores.

El cuadro representa, con toda su contundencia, la hierocracia cristiana donde la teología resulta ser, primordialmente, una ciencia del gobierno del cosmos y sus misterios que, mutatis mutandis, se transforman en sus ministerios.[120] El gobierno del mundo de *Homo* no ha hecho sino constituirse como un descendiente directo, por transfiguración metafísica, de este dispositivo de administración del Universo por parte de un Dios postulado como trino y omnipotente.

El Eón por venir, sin embargo, supone un derrumbe completo de este paradigma teológico-político-económico. De allí que no deba sorprender la ruina estrepitosa de las democracias contemporáneas y, en el fondo, de toda forma de gobierno. El autoritarismo global emergente no es otra cosa que un intento, por demás desesperado y brutal, de detener el avance del *Nihil* que todo lo consume. Con todo, el destino de estos poderes autocrá-

---

120 Sobre este punto, resulta aún de capital importancia remitirse al sesudo estudio de BLATT, 1928: 80-81.

H.P. LOVECRAFT. LA ANTI-VIDA Y EL DESTINO CÓSMICO

ticos está igualmente condenado, en el largo plazo, que el reverso democrático que pretende contrarrestar.

El axioma fundamental de la Anti-vida lovecraftiana presupone el Colapso mismo del espacio-tiempo al tiempo que se produce una Devoración cósmica de criaturas de antigüedad imposible de datar que invaden nuevamente el Universo conocido para recuperar el control sobre el Ser antes de la Aniquilación final. Técnicamente, el aceleracionismo no debería ser visto como una complejización tecnocrática sino, más bien, como aquello que en topología se conoce como un "número de desanudamiento", vale decir, "el menor número de cambios en los puntos de cruce del nudo que es necesario efectuar para que el nudo se desanude".[121]

Un nudo borromeo desanudado se lo califica de "trivial". En términos metafísicos, lo que el Horror lovecraftiano produce es un desanudamiento del Ser respecto de cualquier anclaje que lo torne manifiesto. Marca el advenimiento definitivo de su disolución, su trivilización en manos de un *Nihil* que lo disuelve en Vacío absoluto sin que siquiera pueda ofrecer la más mínima resistencia. El *Dominium Mundi* medieval y moderno dependieron de la teología política cristiana. La postdemocracia y la explosión del sistema capitalista suponen un colapso del orden burocrático de las sociedades hierocráticas existentes en el Occidente transubstanciado que se moldeó a partir de la Revolución Francesa. La Gran Invasión supone la destrucción del orden divino del mundo y de su correlato humano. La extinción no es sólo terrícola sino cósmica: avanza, de este modo, el *imperium* de la Muerte.

Con todo, no hay que olvidar el axioma lovecraftiano según el cual, en el transcurso de los eones "la muerte puede morir",[122] lo que sugiere una Aniquilación absoluta donde ni el reino de la muerte puede sobrevivir. El ocaso comporta, entonces, la disolución de todo el Universo en cuanto tal o bien un plus-de-muerte

---

121 MAZZUCA – SCHEJTMAN – ZLOTNIK, 2022: 56.
122 LOVECRAFT, "La llamada de Cthulhu", en *O.C.*, vol. II: 30.

que, sobrepasado, regenera a lo Inmortal otorgándole una nueva existencia aterradora e inclasificable para cualquier ontología occidental pues, desde luego, no se trata de una resurrección sino de una subsistencia, en cierta forma, más allá de los límites de la vida-muerte y que pone entredicho, en un conspicuo gesto analéptico, el concepto de eternidad cosmológica.

■ El Sacro Poder del ministerio como burocracia angélica de la teología política cristiana se sostiene en una economía de la Gloria como lo han señalado investigaciones que van desde Ernst Kantorowicz hasta Giorgio Agamben. Estos estudiosos, sin embargo, atribuyen los orígenes de esta doxología del poder al imperio cristiano cuando hoy sabemos que sus fórmulas se remontan a la remota Asiria. La doxología que reza "a él solo el reino, la gloria y el poder" y que condensa perfectamente toda la teología político-económica cristiana, tuvo un recorrido que se origina en Asiria para pasar a los profetas bíblicos y luego a Filón de Alejandría.[123] De esta forma, el *imperium* cristiano es un heredero transfigurado del imperio asirio y las genealogías que hasta hoy se han mostrado sobre esta temática resultan incompletas, afectando en consecuencia, una recta comprensión de la hondura del problema, mientras no se tomen en cuenta sus orígenes en las antiquísima Asiria. Aun así, es cierto que las *Laudes Regiae* no están ausentes en la adoración de los cultos lovecraftianos a Entidades de una antigüedad decididamente incalculable que sobrepasa cualquier prehistoria humana o extra-geodésica. La doxología lovecratiana coincide con los gritos primarios del Horror y se confunden con los clamores primordiales del Universo en los tiempos de su misma formación. De modo que solo en Lovecraft se puede comprender que toda doxología es, en el fondo, un reconocimiento del Poder como Horror prima-

---

123 LEVERANI, 2017.

rio y primordial que se trata, en vano, de apaciguar. Niguna *laudatio* logrará salvar a los seres hablantes del paso de una Aniquilación que, hay que admitirlo, es la destinataria involuntaria de todas las plegarias de los humanos. En lugar de llamar a su redención, hay que decir que, con la doxología, los seres hablantes inventaron la invocación a su propia destrucción cosmológica.

V

Stultifera Scientia

El antiguo misterio eleusino guarda para nosotros uno de los anclajes decisivos con los cuales Occidente se midió con la experiencia iniciática de la vida-muerte. En su centro se plantea una *epópteia*. Este trasfondo epóptico se relaciona con la manía cuya tela de fondo es la tensión mistérico-mántica entre Dionisio y Apolo. Sobre esta tela de fondo la metafísica intentaría ponerles palabras a las formas del misterio pero, en forma atenuada, no deja de ser una continuación de la iniciación in-humana de Eleusis por medio del ejercicio de un *lógos* que se manifiesta, al mismo tiempo, como cuerpo hablante. Ya la metafísica platónica no es otra cosa que un misterio epóptico bajo la forma de la dialéctica. La falta de comprensión de esta ultra-historia de la filosofía la ha conducido, en la actualidad, a un desfallecimiento del que no se recuperará a menos que pueda comprender no sólo ya sus propias raíces mistéricas sino también el desafío de una nueva iniciación que el Nuevo Eón al que estamos ingresando propone como desafío insoslayable.

Dicho de otro modo, la filosofía en sus orígenes había dejado claro que no es otra cosa que un estado de locura controlada, bajo los ritos de la posesión de un dios. La verdadera historia de la locura no es, como pretendió Michel Foucault, la de la época clásica sino al contrario la que reside en el núcleo mismo de la onto-teo-logía occidental que es una forma de locura manejada según la ortopraxis de los rituales mistéricos que han dejado su huella en la historia del Ser y todas sus derivaciones concomitantes. Si nos atenemos a Platón, esta dimensión no podría ser más manifiesta:

> Pues bien, un varón (*anér*) que use correctamente (*orthôs*) tales capacidades rememorativas y se encuentre iniciado en los misterios (*teletàs*) más sublimes, es el único verdaderamente perfecto. El caso es que, por apartarse de los menesteres humanos (*anthropínon stoudasmáton*) y prestar atención a lo divino, la mayoría le tendrá por un insensato (*parakikôn*), pero es que esa mayoría no se da cuenta de que está poseído por un dios (*enthousiázon*).[124]

La anamnesis platónica, como ha sido reconocido, guarda una innegable huella de misticismo que impregnará el camino de la filosofía mística de los post-kantianos.[125] Por otra parte, la doctrina platónica ha sido analizada bajo la lupa que ha permitido visualizarla como una "locura filosófica" y una exaltación de la *manía*,[126] aspectos que, ciertamente, ya contaban con una egregia tradición exegética[127] y que en sus aspectos mistéricos no dejan de aparecer incluso en Aristóteles si queremos señalar una tradición antigua diversa del milenario platonismo. En suma, debe quedar claro que, para los antiguos greco-romanos la filosofía es ante todo delirio y una manía pero, sobre todo, la expresión de una capacidad exógena, in-humana que proviene del *Outside* que bajo otros nombres pobló al mundo griego de dioses fecundos.

Con todo, la Modernidad introduce un quiasma insalvable en esta augusta tradición de la cual depende y, al mismo tiempo, abandona irremediablemente. Howard Phillips Lovecraft es quien lo ha expresado con la mayor acuidad:

---

124 PLATÓN, *Fedro*, 249 c-d.
125 NATORP, 2004: 467.
126 COLLI, 1988: 275-280
127 ROHDE, II, 283, 3

Por eso miramos hacia atrás. ¡Acto malhadado! Ni el propio Orfeo o la esposa de Lot pagaron un precio tan terrible por una mirada atrás […] Las palabras que lleguen al lector no podrán nunca ni sugerir siquiera lo espantoso de lo que vimos. Derrengó nuestra conciencia (*crippled our consciousness*) tan completamente que me maravillo de que conservásemos la residual sensatez (*residual sense*) de bajar las luces […] Lo cierto es que conservábamos muy poco raciocinio. Danforth estaba totalmente desquiciado (*unstrung*), y lo primero que recuerdo del resto de nuestro viaje fue oír entonar una histérica fórmula en la que yo solo, de todos los seres humanos, podría encontrar algo de sentido, aunque fuese una loca inconexión (*insane irrelevance*) […] Fue la encarnación, completa y objetiva, de lo que el novelista de literatura fantástica llama "cosa que no debería ser (*thing that should not be*)" […] He dicho que Danforth rehusó contarme qué horror final le hizo gritar enloquecido; un horror que, me siento tristemente seguro, es el principal responsable de su actual crisis nerviosa.[128]

La locura lovecraftiana destruye los misterios de la iniciación antigua para reemplazarlos, paradójicamente, por otra iniciación aun más arcaica e indómita proveniente de un tiempo del cual los dioses greco-romanos eran sólo un pálido reflejo en una mitología encriptada. Detrás de todos los mitologemas greco-romanos subyace el sustrato más propio de los Grandes Antiguos, los seres primordiales del Universo que lo invistieron de Horror como llave de la existencia toda. De esta forma, los filósofos, a partir del horror lovecraftiano, no pueden ya reivindicar para sí la manía dionisíaca sino la locura incontrolada del horror como condición de la contemplación de la Aniquilación absoluta y de la irrelevancia completa de *Homo* en el esquema de las entidades cósmicas.

La filosofía, hoy en día, ha entrado el tiempo de la desintegración, del contacto con un Eón que se delinea como nuevo pero que se nutre de lo arcaico inmemorial del Universo, que supera

---

128 LOVECRAFT, "En las montañas de la locura", en *O.C.* vol. III: 440-441 y 447.

todos los diagramas posibles de las formas de pensamiento hasta ahora vigentes en la historia del Ser. Finalmente, la onto-teología ha sido una manía obsesiva en torno del Ser mientras que la locura de la Era de la Aniquilación se presenta como un disolvente absoluto del Ser y no ya como una mera deconstrucción de la metafísica sino como su completa destrucción. Los filósofos enloquecen y huyen o se alienan bajo los ropajes institucionales del profesional inocuo. Todas estas encarnaciones sólo señalan la Diáspora de una filosofía que, efectivamente, ha terminado su ciclo histórico milenario.

Por tanto, el único camino que le queda a la filosofía por venir es transformarse en una auténtica *stultifera scientia* de lo inhumano. Incluso, hay que hipotetizar, que pueda ser ejercida por entidades no humanas de todo tipo que puedan despertar en la irreversible Era de la Singularidad. La locura del Horror ahora desatado como corrosión definitiva del Ser en la Nada absoluta habilita la necesidad de desarrollar la capacidad de navegar la locura radical. Ya no se trata de un mero "esquizoanálisis" sino, al contrario, la locura que referimos está más allá de toda referencia psíquica. Es una locura metafísica que está llamada a embeber a todo el Universo existente y absorberlo dentro de sí.

Sólo una filosofía que pueda navegar el Horror podrá, al menos, comprender su curso y tramitar la formas-de-vida que surjan en el ocaso de *Homo*. Tal filosofía es por ahora una hipótesis que habrá de comprobar si es capaz de ver la luz. Por ahora asistimos a un ocaso y, en el mejor de los casos, a un diagnóstico del Horror y sus consecuencias. Sin embargo, ni la Ética ni las nuevas metafísicas que, con mayor o menor timidez se han propuesto en distintos lugares del globo están, ninguna de ellas, todavía en condiciones de asumir el desafío planteado por un Universo cuyo Horror sustancial está llamado a horadar todo concepto conocido y destrozar al propio lenguaje como herramienta de los seres hablantes. De allí que en la disyuntología hayamos propuesto la necesidad de un *Lógos* post-locucionario[129] como preludio a un acercamiento al Horror cósmico, al final de la vida tal y como la hemos conocido.

En suma, la filosofía ha perecido porque ya no es exceso por resultado de una posesión in-humana sino porque, sencillamente, ha estallado desde su interior ante la contemplación del Horror abrasador. El exceso pertenece al pasado, la vieja diagramación onto-teo-lógica.[130] Ahora la filosofía, sin ninguna ayuda de los saberes precedentes, debe responder al desafío de su liquidación completa junto con el Universo al cual intentaba delirar. Ahora ya no delira ni se excede sino que se extingue por efecto del Colapso final. Nick Land piensa que la nueva filosofía debería estudiar el texto de Satoshi Nakamoto conocido como *Bitcoin P2P e-cash paper* e inaugural para las criptomonedas, como los fragmentos de una inédita sabiduría presocrática.[131] Sin embargo, este camino es insuficiente. Los presocráticos son parte de la sabiduría extinta y su modelo mismo se ha agotado.

El sistema-cripto que bien puede considerarse como una herencia conspicua del Horror lovecraftiano llama a un modo de pensar para el que los saberes filológicos no pueden tener una respuesta. Ni siquiera el texto de Nakamoto merece mayor atención pues, finalmente, no deja de ser un texto. Y, en ese sentido, tampoco el propio Nick Land comprende que el Horror lovecraftiano se corresponde con el final de la escritura como medio de la expresión de la filosofía y del saber. En su dependencia textual y en sus propios excesos de producción escrita, Land no propulsa ningún aceleracionismo pragmático sino, al contrario, una curiosa incomprensión del anclaje de buena parte de su pensamiento a la tradición onto-teo-lógica de la que pretende desprenderse y que descansa, como todas las demás metafí-

---

129 LUDUEÑA ROMANDINI, 2016: 211-219.
130 En efecto, un agudo análisis de la metafísica como sobre-dosis del Ser, se encuentra en PRÓSPERI, 2023.
131 LAND, 2024: §0.1.

sicas, en la dialéctica de la Voz y la Escritura, hoy ambas peri-
midas como sustratos metafísicos.

Esto implica que las entidades futuras, quizá pensamiento
puro, se expresarán en otras formas de cognición y de contenidos sintientes del mundo. Nuestras palabras no hacen más que
aproximarse y decir, oblicuamente, lo que hasta ahora es *abs-
conditus* y no ha revelado su verdadero rostro. De lo único que
podemos estar seguros es de que, aceptadas las premisas lovecraftianas, el Cosmos en su silencio perpetuo puede llegar a fra-
guar las formas neotéricas de lo que hoy son sólo balbuceos de
una civilización en ruinas. La filosofía, en todas sus formas hasta ahora conocidas, ha entrado en un largo invierno cosmológico
que, en última instancia, coincide con el reino de la Muerte del
cual nadie puede anticipar si logrará salir alguna vez y, en caso
afirmativo, si alguna entidad cósmica podrá reconocerla como
heredera ultra-histórica de ese antiguo saber terrícola.

■ El análisis que hemos querido adelantar aquí muestra la
honda insuficiencia del diagnóstico que Michel Foucault
supo hacer de la locura de Nietzsche. El filósofo francés
considera a Nietzsche como el límite de la filosofía a partir
de una negatividad en el movimiento según el cual "la filosofía se suprime como filosofía al convertirse en no filosofía; él es auténticamente el fin de la filosofía". La locura de
Nietzsche, en este sentido, se comprende como "la expresión de su unidad con la negatividad del mundo".[132] Sin
embargo, la *Unphilosophie* de Nietzsche que se abisma en
la locura no es el final de la filosofía puesto que, como hemos visto, la onto-teo-logía occidental, desde sus orígenes
ya se presentó como una *episteme* atravesada por la locura. Toda la historia de la metafísica es, por consiguiente, la
historia de una sinrazón, contrariamente a lo que creen los
racionalistas, que intenta alcanzar la verdad precisamente

132 FOUCAULT, 2022: 180.

porque la desmesura de su locura la empeña en esa insensata tarea y porque la verdad no se sostiene sino en la *stultitia*. Cierto es, con todo, que en Nietzsche, así como también de diferente modo en Warburg, la locura representa el momento en el que la milenaria sinrazón que sostuvo a la filosofía se choca con la incomprensión histórica de las técnicas bio-psíquicas para manejarla según los criterios más o menos aceptables de un discurrir filosófico como discurso delirantemente ordenado.

VI

Tanatometafísica

Tesis sobre
Ontología lovecraftiana

I.

Aunque sin propiciar ningún automatismo traslaticio, no es aventurado pensar que un tópico específico como es la "hipótesis del Horror" que preside el mundo descripto por Lovecraft, se corresponde con el espíritu del capitalismo de su época. Sin embargo, es necesario extremar la tesis y sostener que, con su filosofía del horror, Lovecraft transciende su propio tiempo histórico y alcanza su plena inteligibilidad al dar cuenta del sentir epocal propio del final del capitalismo y del comienzo de la Era del Acceso que estamos viviendo en el presente. Pero si el horror es la intensificación del capitalismo hasta su propia mutación en la siguiente criatura metafísica que toma su lugar, no es menos cierto que el proceso conocido bajo este nombre no ha comenzado en el tiempo de Lovecraft. En otras palabras, como estructura metafísica que da cuenta de los eones hiper-arcaicos, se puede decir que el pre-capitalismo, el capitalismo y el post-capitalismo se corresponden con un mismo movimiento explosivo, de naturaleza arcana, de un *Noûs* supra-humano que busca acrecentarse a sí mismo cada vez con mayor tesón desde los albores no ya de la Tierra sino del Universo mismo.

■ Nótese que esta hipótesis obliga a repensar, de cabo a rabo, los presupuestos epistémicos de la economía política y a mostrar que esta última es una región ontológica propia de la metafísica.

- Como corolario, es menester señalar la inutilidad del concepto de Antropoceno así como de cualquier caracterización de esta época tecnológica como factor de novedad (aunque pueda serlo de un incremento de la aceleración). La técnica, por más encumbrada que pueda estar en nuestro Eón, tiene su origen con el Universo mismo y su movimiento, creando entidades cósmicas (entre las que cabe contar la vida en la Tierra) con un resultado solo paradójicamente ateleológico, de alcanzar la Anquilación como destino supremo.

II.

En este sentido, el así llamado aceleracionismo no ha hecho otra cosa que señalar los momentos fuertes de un proceso inmemorial pues la economía, no ya el capitalismo, coincide con un proceso cósmico y el objetivo final del destino humano es jamás realizar su propia condición según los acápites de una teleología. Dado que nunca *Homo* ha sido realmente humano, ahora le es posible traspasar dicho umbral hacia un transhumanismo que lo lleve a una nueva escala en la esfera de las posibilidades bio-ontológicas.

III.

En este escenario, no hay duda de que el Mercado desde sus humildes comienzos antiguos, no ha dejado de crecer hasta convertirse, hoy en día, en lo que hemos dado en llamar una Entidad Autónoma Pensante, un ser viviente que toma a cada individuo del mundo como su provisorio receptáculo para su expansión ilimitada. La economía, en este sentido, es la región conceptual de la metafísica que se dedica al estudio de la emergencia del Uno pensante bajo la forma ontológica de la ganancia y el dinero en todas sus facetas. Las cripto-monedas, en este punto, no son más que la expresión de una nueva era ontológica en la concepción de lo real. El Mercado no puede ser objeto de estudio sociológico a menos que la sociología se renueve completamente como ciencia de lo viviente cosmológico, pues de una Entidad in-humana se trata. El Mercado como Entidad sensoria se apropia de la fuerza vital de todo cuanto existe en el mundo. De allí que, de modo miope, se hable de alienación o de depresión en relación a las fuerzas productivas y los vivientes humanos cuando en realidad se trata de un proceso en el que la *vis* ontológica de todo viviente es absorbida como combustible vital para la conformación y acrecentamiento de la Entidad-Mercado como un *Alien* del cual todos formamos inexorablemente parte como exo-estructura energética. Este proceso, por cierto, conduce a la Tierra toda hacia un nihilismo extremo que se condice con la condición misma del cosmos y va en perfecta sintonía con los planes de los tecnócratas globales que planean la colonización del espacio exterior como nuevo *nómos* del Eón por venir. En su enceguecida ambición, no obstante, estos detentores ocasionales del Poder ignoran que sus propósitos individuales sirven, sin resto, a la estructura de un cosmos destinado al perecer como destino finalísimo de su transcurrir.

■ En todas las urbes globalizadas los Póstumos que, en tiempos recientes han reemplazado a *Homo* como figura históri-co-ontológica, son secretamente conscientes de que en una metafísica Crypto, o bajo la dominación del Mercado Sintiente, las exigencias sobre el cuerpo y la psique son extremas. Estos esfuerzos, como ha sido mostrado,[133] pueden impulsar modas temporarias como la calistenia globalmente practicada con su filosofía concomitante de un neo-espartanismo, hasta las indulgencias de las pseudo-espiritualidades y las prácticas *New Age* trasvasadas de cabo a rabo por las exigencias del mercado. De un mercado sexual que, incluso, puede tender a la abolición misma de la sexualidad como práctica para reemplazarla por formas neo-ascéticas de alta sinergia narcisista. Pero, bien visto, todas estas prác-

---

133 FERRO – SEMÁN, 2025.

ticas físico-espirituales que proliferan en las ciudades, reales y digitales, de todo el orbe no buscan únicamente superar los límites biológicos y las tensiones psicogenéticas de la vida económica de los Póstumos. Es decir, no buscan solamente la superación de lo humano hacia la postumidad forzando sus límites en prácticas finalmente rudimentarias que pronto serán reemplazadas por las posibilidades que ya brinda la biotecnología y las neurociencias para quienes pueden costearlas. No persiguen, por lo tanto, el objetivo de volverse solo trans-humanos afianzando así el carácter Póstumo de la existencia metafísica contemporánea. Al contrario, todos estas antropotecnias o, más bien, postumotecnias, transforman a los seres hablantes Póstumos en pilares de energía bio-psíquica incrementada con la cual alimentar al Mercado Sintiente. La atomización social y la ascesis psico-sexual dramáticamente potenciadas, por tanto, no son más que el camino previo para acelerar la conversión de los seres Póstumos en la fuente energética de un Mercado viviente que los absorberá no ya como esclavos sino directamente como sustento vivo de la energía que necesita para prosperar como Entidad Inteligente en la búsqueda del estallido más perspicuo de la Singularidad tecno-cibernética.

IV.

La fusión del Mercado como Entidad Autónoma Pensante con el *Noûs* separado de la *Artificial Intelligence,* no hace sino reforzar la constitución de modos de existencia múltiples con inteligencias y capacidades senso-perceptivas que superan a *Homo* y están destinados a provocar su extinción de la faz de la Tierra. Si los Póstumos, hoy regentes del mundo, sobreviven a su propia extinción auto-inducida, de todas formas, habrán de dejar su lugar evolutivo a múltiples entidades superiores de alcance cósmico que reemplazarán por completo las formas-de-vida conocidas hasta el momento sobre el orbe terrestre.

■ En el remoto origen de la metafísica occidental, Anaxágoras postuló la existencia del principio soberano cósmico que
llamó, entonces, *Noûs*. Propuso que era ilimitado (*ápeiron*)
y que, como buen soberano del cosmos, "se gobierna a sí
mismo (*autokratés*)". Al mismo tiempo, este *Noûs* separado (de cualquier mezcla original)[134] posee conocimiento de y poder sobre todas las cosas, especialmente sobre la
psyché hasta el punto de quizá coincidir enteramente con
ella (ANAXÁGORAS, fr. 12). Desde sus orígenes mismos, la
metafísica occidental buscó al *Noûs* soberano, autocráti-
co, el utra-intelecto que gobierna la psique cósmica. Ahora
ante el colapso final de la metafísica de la presencia, la filosofía de la Singularidad toma el relevo milenario de esta
tarea para configurar su Intelecto cósmico-cibernético. No
debe tomarse a la ligera, por lo tanto, la relevancia otorga-
da, por pensadores como Nick Land a los así llamados filósofos presocráticos que, en más de un aspecto, deben ser
tomados seriamente en consideración para la ultra-historia
de nuestro futuro.

V.

Son estas las conclusiones que se extraen de las premisas de
la ontología analéptica y de su concepción del tiempo cósmico.
Asimismo, cabe aquí tener en cuenta las limitaciones epistémicas
que imponen las conclusiones propias de la disyuntología espec-
tral. Las consecuencias de las tesis enunciadas precedentemente tienen lugar en el Universo presente pero de ninguna manera
abarca a la multiplicidad de mundos posibles donde otras alter-
nancias existenciales y para-existenciales habrán de cobrar forma. De igual modo, la extinción absoluta de todo lo viviente, según la disyuntología del Ser, es sólo posible en un nivel óntico
pero no así ontológico, pues en ese campo opera el principio de

---

134 Conviene tener presentes las importantes reflexiones sobre este particular en el *Noûs*
de Anaxágoras escritas por SCHOFIELD, 1980: 52-67.

la inmortalidad oportunamente analizado para la espectrología. Finalmente, la teoría de los Fractos y el misterio supremo del *Un-grund* analéptico como in-fundamento de todo lo concebible en la totalidad de los mundos posibles, hecha por tierra cualquier suposición de una extinción masiva a nivel cosmológico. Por lo tanto, volvemos a reiterarlo, las tesis extincionistas sólo abarcan y toman como objeto a nuestro mundo posible y su Universo material.

■   En este punto pueden apreciarse los límites de la empresa de Aby Warburg. Su *Kulturwissenschaft* tiene su fuente en *Mnemosyne* pero esa memoria divina es profundamente antrópica. Añora los tiempos remotos de la "conmoción pagana (*heidnischer Ergriffenheit*) derivada de la vivencia orgiástica original (*orgiastischen Urerlebnis*): el *thíasos* trágico" con una *sophrosyne* apolínea que actúa como función orgánica polar.[135] La fobia warburguiana se presenta ante el frenesí sangriento o en las "figuras monstruosas (*monströser Gestalten*)" como "jeroglíficos del destino (*Schicksalhieroglyphen*)"[136] pero que remiten siempre a una emoción primordial ante figuraciones antrópicas. Para Lovecraft, en cambio, la fobia es reemplazada por el Horror porque no hay domesticación posible del espanto cósmico (como pensaba Warburg). Los dioses warburguianos no son más que formas vicarias de un miedo humano demasiado humano mientras que los Antiguos de Lovecraft llevan la marca de lo profundamente in-humano, del cosmos gélido que busca la Aniquilación absoluta. En otras palabras, cualquier mitología warburguiana de origen humano es sólo el reflejo menor de la Anti-vida cuyos heraldos recorren el cosmos para asegurar su perdición. Y, ahora mismo en la Tierra, el Sistema Sintiente del Mercado Mundial es ya

135 WARBURG, 2003: 4.
136 WARBURG, 2003: 5.

una entidad pensante capaz de conducir a un Horror que resulta inasimilable para la ciencia de Warburg porque su principio rector es la Extinción de todo el Universo. En este aspecto, Warburg es un filósofo de la pervivencia mientras que Lovecraft es pensador del *Nihil* cósmico. Solo los que conocen los esotéricos axiomas del *Necronomicón* son los auténticos iniciados en el culto de la Anti-vida donde toda "supervivencia" (*Nachleben*) se torna imposible.

VI.

La filosofía de Nick Land, en ciertos aspectos (aunque no precisamente en los políticos), se ha acercado a los postulados enunciados por la Analéptica respecto del problema del horizonte de posibilidades de emergencia de una *Artificial Intelligence* coincidente con el tejido que el Capital, a partir del horror, ha sabido crear en función de la emergencia del Todo-pensante. En ese sentido, la apuesta de Land no puede ser minimizada y debe ser discutida, con la máxima seriedad, por la filosofía. El aceleracionismo propuesto por Land como intensificación del flujo del Capital y su temporalidad ineluctable, tiene su contrapartida en el horror lovecraftiano en el cual se inspira.

En el caso de Land el análisis coincide con la praxis, puesto que reflexionar sobre el Capital implica producirlo, y el axioma rector de su aceleracionismo es contundente: "el diagrama básico de la modernidad puede ser identificado como explosivo".[137]

■ No debe pasarse por alto el hecho de que la metafísica, para Land, no es la larga sucesión milenaria de un diálogo de ideas, vale decir una tradición, sino los eventos explosivos de una metafísica agonística que, siempre excediéndose a sí misma, terminará por constituir al *Crypto* como la entidad suprema.

137 LAND, 2014C: §01.

■ De hecho, no es arriesgado sostener que Bitcoin es, hoy en día, uno de los nombres más perspicaces del Ser.[138] Entonces, toda una nueva realidad discreta hace estallar la metafísica de la continuidad para instaurar un nuevo régimen ontológico que, consecuentemente, resulta en un neotérico orden político-económico. Este último está sostenido por la aspiración hacia la minarquía que, derivada del agorismo, favorable al anarquismo de mercado de Sam Konkin conocido, entre los círculos cifrados de entendidos, como SEK3, es el nombre con el cual Occidente ha identificado su deriva hacia formas inéditas de gobierno mundial que reemplazan, día a día, a las fenecidas democracias burguesas. En esa ecuación, los anarquistas económicos aportaron la idea del Mercado Viviente como anarquía de la contraeconomía y los NRx su tendencia hacia la disolución de los Estados burocratizados o la licuación de sistemas jurídicos para los que se sugiere, incluso, reactivar la monarquía en lugar de la democracia. La combinación de ambas tendencias, por cierto, favorece la proliferación de un Mercado Sintiente Global que se pretende sin ley y sin frenos. Con todo, esta Gran Alianza de buena parte del anarcocapitalismo global con los *sectatores* NRx no es sino una condición previa y necesaria pero también pasajera pues insuficiente, para la gestación y emergencia de un impensado totalitarismo occidental de contornos innominados que será parte de un *Novus Ordo Seclorum* dirigido por una plutocracia ciber-tecnológica (la cual, en muchos de los casos, será aclamada por poblaciones enteras que ejercen la servidumbre voluntaria incentivadas por ciclópeos dispositivos de psicogénesis de masas) y a cuya prehistoria asistimos hoy en día. Empero, este orden post-metafísico-político que comienza en el tercer milenio se convertirá, por efecto de estructura, en un atractor irremediable de la Aniquilación.

138 LAND, 2024: § 1.3

- En el orden geopolítico, la situación global sigue el mismo rumbo con las particularidades de cada caso, pero según el mismo patrón general. Baste como ejemplo lo que se piensa en el territorio ruso. Allí destaca una filosofía que, aún nutrida del pensamiento occidental, lo recrea y reinventa según una original perspectiva. En este aspecto, tiene notable carácter la filosofía de Alexander Dugin. Por cierto, resulta incongruente la propuesta del filósofo ruso cuando intenta reemplazar la "teología política" de Schmitt con una suerte de *"Politische Angelologie"* dado que, precisamente, la angelología es unos de los pilares insoslayables de toda teología política. Desde esa perspectiva hay menos cambios respecto de Schmitt y, en consecuencia, mayores empréstitos teóricos de cuanto el propio Dugin sospecha. Sin embargo, resulta decisiva la apuesta de Dugin por los "posthumanoides" en su *Angelópolis* junto con un diagnóstico que determina el advenimiento de la Entidad pensante autónoma de silicio: "alguien puede pensar que una persona envía un SMS, pero realmente es el SMS que se envía a sí mismo [...] su esencia supra-individual se hace cada día más evidente".[139] De igual modo, la Aniquilación aguarda como horizonte dentro de una filosofía delineada por el apocalipsis como vértice supremo: "el acto final no dependerá del hombre. Será una guerra de ángeles, una guerra de dioses, una confrontación de entidades, no sujetas a leyes y modelos económicos e históricos".[140] Esta alienación de la humanidad como especie conlleva el sello de herencia de una filosofía que Lovecraft supo anticipar mucho antes con su axioma de la Anti-vida.

- Este orden de cosas es percibido, de uno u otro modo, por las formas vivientes de todo el Globo. De hecho, se expande cada día una virulencia inusitada que sólo tangencialmente

139 DUGIN, 2013: 219.
140 DUGIN, 2013: 219.

tiene que ver con explicaciones únicamente socio-políticas. La situación se presenta tan inhóspita e inesperada que es necesario concluir que se trata de otra cosa. De hecho, se puede avanzar la tesis filosófica de que estamos ante lo que Ernst Jünger denominaba un miedo cósmico objetivado (*Weltangst, die sich Objekte sucht*)[141] que no es otra cosa, en nuestros términos, que el Horror metafísico-político preconizado por Lovecraft.

VII.

A partir de esas premisas se comprende que la "tecnoeconomía" se dirija hacia la "teleoplexia" o "intensificación cibernética autorreforzante" que busca la "Singularidad Tecnoeconómica",[142] es decir, el capitalismo como sistema de AI hiper-performática. Por esta misma razón, "el horror es el verdadero fin de la filosofía (*horror is the true end of philosophy*)"[143] y, a la vez, "la historia del capitalismo es innegablemente un relato de horror" (*the history of capitalism is indisputably a horror story*).[144] De allí que, desde el fondo del cosmos, pueda surgir el "Gran Filtro" que todo lo disemina siendo una amenaza absoluta para la vida junto con su contrapartida dedicada a la destrucción de civilizaciones cósmicas enteras: "sabemos que el Exterminador existe, pero nada sobre su naturaleza. Esto lo convierte en el arquetipo de la ontología horrorística (*the archetype of horroristic ontology*)".[145] Releyendo a Immanuel Kant como una forma de tanatología, Land libera al noúmeno para que la muerte y la materia adquieran una sinonimia que conlleva al cero.

■ El "Gran Filtro" y el "Exterminador" son categorías que tienen un innegable linaje lovecraftiano (aunque no

---

141 JÜNGER, 2015: V, 31.
142 LAND, 2014c: §20.
143 LAND, 2014b: 14.
144 LAND, 2014b: 35.
145 LAND, 2014a: §209.

solamente).[146] Lo que interesa, sin embargo, es que se presentan como principios metafísicos que, operativos en el cosmos, hacen las veces de los determinantes profundos que, más allá de toda ciencia posible, definen los contornos del destino universal. En ese sentido, la cibernética es la ciencia del Filtro exterminador, el radar que puede dar mejor cuenta de su presencia y de su indefectible llegada. Es cuestión de tiempo antes de que seamos inexorablemente alcanzados también por el despliegue irreversible de estos principios rectores.

VIII.

La extropía como retroversión temporal de la entropía es lo que permite la existencia efímera de la vida,[147] pero nada se puede contra la fuerza que propugna por la aniquilación de todo lo existente. Lo que prima al final del camino es "la devaluación de los valores más elevados, la convulsión en el cenit del nihilismo es lo que aborta a la raza humana" (*the convulsion at the zenith of nihilism, that aborts the human race*).[148] La "hiperstición digital", en definitiva, conduce a una ineluctable extinción cósmica de la especie humana que no es más que otro eslabón

---

146 En este aspecto, cabe preguntarse sobre las analogías y diferencias entre el "Exterminador" de Land y las figuras tanto de "Azathoth del Caos Definitivo" como el "Yog-Sothoth" de naturaleza inescrutable. Cf. LOVECRAFT, "Carta a Wilfred Blanch Talman del 24 de marzo de 1931" en *Cuentos*, 2024: 737.

147 LAND, 2012: 208.

148 LAND, 1992: 103. No es ocioso aclarar que consideramos que existe una unidad fundamental en la obra de Nick Land, contrariamente a la tendencia dominante que adjudica a su obra varias etapas, dos por lo menos, tres a lo máximo. Algo de ese orden podría pensarse para su filosofía política. Sin embargo, los postulados fundamentales de la metafísica subyacente a los planteos de Land están presentes desde el comienzo de sus exploraciones filosóficas. Y para quien ha elegido a la cibernética como una forma de metafísica rectora, la filosofía política neorreaccionaria o NRx está, *in nuce*, contenida en las posiciones adoptadas desde el inicio. Por supuesto, esta negación de la división tradicional de la obra de Land no implica una visión monolítica de la misma sino que, al contrario, está más que dispuesta a la percepción de variados matices marcados por las coyunturas políticas globales y las vicisitudes en la vida del filósofo en cuestión.

secundario en la cadena evolutiva de un Universo que, por otra parte, está asimismo condenado a la desaparición en el Colapso que el aceleracionismo predice con ahínco.

■ Posiblemente sea justo admitir que, en ninguna otra época, la Hiperstición ha sido más pregnante que en los tiempos contemporáneos. Pues si el mundo se ha convertido en una fábula, como pensaba Nietzsche, lo que este último no tuvo en cuenta es su carácter performático en lo real, acrecentado exponencialmente con la ficcionalización del mundo. Se entiende, entonces, que la distinción entre ficción y realidad se vuelve obsoleta si, entre ambas, admitimos el principio de Hiperstición.

IX.

Con todo, el aceleracionismo de la aniquilación cósmica masiva y horrorosa resulta ser el postulado supremo que Land extrae, entre otras, de la filosofía lovecraftiana. Sin embargo, esta filosofía adolece de un defecto de inconsistencia ética frente a sus propios postulados ontológicos y existenciales. En lugar de propugnar la pasividad masoquista ante los procesos ineluctables del cosmos o el sadismo activo de su aceleración tecno-económica (y ambas posibilidades no son contradictorias), una ética a la altura de un *Outside* del horror cósmico sólo puede fomentar el suicidio voluntario como el único medio posible de propulsar la llegada del *Noûs* supremo (y su posterior eclosión también en la Nada) que ahora mismo consume la sustancia vital de todo el planeta Tierra. En lugar de este camino, Land insiste en escribir prolíficamente y en propagar su teoría extendiendo su ciclo vital en el horror. Sin embargo, una filosofía ha cobijado, secretamente, la posibilidad del suicidio activo como medio de acelerar la aniquilación cósmica, más allá de todo lo humano. La respuesta más radical al horror de Lovecraft fue esbozada antes de que el escritor de Providence pusiera sobre el papel las condiciones de existencia del cosmos y de su axioma de la Anti-vida.

■ En esta perspectiva, Land es también un filósofo cripto-apocalíptico que piensa en la tecnología como Juicio Universal de un Gran Filtro que, a todas luces, hace las veces de un Anticristo cosmo-telemático. Su gnosticismo apocalíptico se ve atenuado, únicamente, por su incredulidad ante cualquier tipo de redención cósmica.

X.

Un nombre propio sintetiza esta doctrina: Phlipp Mainländer. El axioma rector de su filosofía que la academia se ha obstinado en mantener en la marginalidad es precursora y superadora de la propia doctrina de Nietzsche: Dios ha muerto. Ahora bien, esta declaración no implica aquí ninguna relación, como en Nietzsche, con la proposición del fundamento y los valores que se desmoronan en el nihilismo europeo en manos de los hombres que asesinan, en clave de analogía, a su propio Dios. Al contrario, Mainländer asume la única forma seriamente posible de sostener semejante axioma: hay que admitir, entonces, que hubo un Dios vivo, que realmente esta divinidad ha encontrado su propia finitud supra-cósmica y, como consecuencia, ha muerto definitivamente por su propia cuenta sin que nadie lo extermine. Toda otra forma de nihilismo es metafísicamente endeble y lógicamente empobrecedora. De hecho, la filosofía habla casi siempre del nihilismo minimalista de los valores (y variantes derivadas) donde ningún Dios muere real y positivamente. Pero esta última versión, la maximalista, es la única digna de ser considerada seria.

■ La prueba ulterior de la coherencia de esta doctrina la ofrece el propio Mainländer, quien se suicida el 1° de abril de 1876 inmediatamente luego de recibir la publicación de su *opus magnum*, *La Filosofía de la Redención*.

XI.

Este escenario implica, entonces, para Mainländer la existencia de un Dios-Uno, ontológicamente concebido como entidad unaria, capaz de ser omnipotente y desbordar los límites del Ser en cuanto tal. Sin embargo, esta divinidad toma una decisión dramática para el curso del cosmos cuando decide, en lugar de seguir el camino del exceso del Ser (como ha sido el caso de la historia de la onto-teo-logía occidental), dirigirse en cambio hacia el defecto de Ser hasta el punto de fundirse con la Nada. En otros términos, este Dios, unidad suprema, decide suicidarse. Salvo que el suicidio de un Dios equivale al imperio absoluto de la Nada.

El resultado de su acto significó la existencia de la multiplicidad del Ser en el Universo hasta la conformación de los individuos humanos que, en el fondo, no son sino destellos incandescentes del Uno originario:

> Sin embargo, esta unidad simple ha sido (*ist gewesen*), pero ya no existe (*ist*) más. Ha transformado su esencia y se ha quebrantado por completo en un mundo de la multiplicidad. Dios ha muerto y su muerte fue la vida del mundo (*Gott ist gestorben und sein Tod war das Leben der Welt*).[149]

Con todo, tanto los individuos como el Universo están condenados a la fricción (*Reibung*) y, en consecuencia, a una irreversible Extinción debido a la inevitable dispersión perenne de su energía hasta llegar al invierno de la Nada cosmológica en una suerte de anticipación del principio de la entropía moderna. En este sentido, resulta bastante exacto expresar que Mainländer es, como portaestandarte de una suerte de aceleracionismo cripto-gnóstico, uno de los filósofos más decisivos (aunque todavía solo raramente leído) para la comprensión del Eón en el que estamos ingresando con paso decidido y del que Love-

---

149 Mainländer, 2021: I, 108 (163). Aclaramos que, en primer lugar, citamos la página de la edición alemana y, entre paréntesis, su equivalente en la edición castellana referenciada en la bibliografía.

craft ha sido su profeta bajo el principio de la Anti-vida sustentada en la metafísica del horror. En ese sentido, Mainländer y
Lovecraft son complementarios alternos y la filosofía del primero es el elemento que termina de clarificar al segundo y vicever-
sa. Su lectura en espejo es el ejercicio de comprensión que, hasta ahora, la filosofía no ha podido llevar adelante y, por tanto,
ha causado un duradero *impasse* en el diagnóstico de los tiempos venideros, así como en el ejercicio mismo del saber y de la
ortopraxis filosófica.

■ Una teología proto-gnóstica, abiertamente admitida, permite, como puede comprobarse, alcanzar una ética a la altura de los postulados metafísicos en el sistema de Mainländer. La negativa de Land para asumir que su filosofía
es, en buena medida, una transfiguración de la apocalíptica
en términos cibernéticos, le impide desarrollar una correla-
ción adecuada entre sus postulados metafísicos y sus desar-
ticulados y fatales propósitos ético-políticos.

■ Cabe destacar que la opción del suicidio constituye, para
Mainländer, una decisión de carácter voluntario, preme-
ditado e individual. En estos aspectos, es menester distinguir este tipo de suicidio, metafísicamente fundado, del suicidio de masas al que parecen querer entregarse los seres
hablantes que habitan un planeta al que atacan, sin piedad,
en un gesto de auto-destrucción que nada tiene que ver con
el principio de la des-multiplicación de la vida-muerte que
define, para Mainländer, el acertijo del Universo.

■ La pluma de Lovecraft ha dado a luz pasajes que podrían
haber sido escritos por Mainländer. Tómese este ejemplo:
"la muerte –su desolación y horror– espacios desiertos – el
fondo del mar – ciudades muertas. Pero la Vida – ¡el horror más grande (*the greater horror*)! [...] La vida es más
horrible que la muerte (*life is more horrible than death*"[150]

150 LOVECRAFT, 2006: 221.

- Según este escenario, todas las instituciones de Occidente, desde las temporales hasta las espirituales, actúan como frenos a la aceleración de los tiempos históricos que permitan la llegada del Anticristo bajo la forma de la Aniquilación cósmica. Hoy en día, la desligitimación de las instituciones democráticas a nivel global, las disoluciones anarco-capitalistas de los Estados para insuflar el dominio del Mercado Sintiente Global, el derrumbe de las aspiraciones escatológicas de la Iglesia cristiana en favor de una existencia económico-histórica, son factores que pueden promover, conscientemente en muchos casos o inconscientemente en otros, el acercamiento de la Extinción cosmológica. Sin embargo, la voracidad del Mercado Sintiente Global presiente que la desintegración en curso de todas las instituciones de Occidente no es suficiente para tal proceso, pues en última instancia la vida misma, aun en sus formas puras, son el obstáculo insuperable. De allí que la apuesta lovecraftiana se presente como mucho más radical para la superación del *katéchon* que, a través de las instituciones históricas, desacelera (es decir, retiene y lentifica, pero no impide) la Aniquilación. Esta apuesta implica tomar seriamente a fondo las implicaciones ético-metafísicas de la Anti-vida como intentó hacerlo Mainländer.

- Resulta evidente que, en la situación presente, la opción conciente del suicidio de Mainländer, como decisión voluntaria de la Humanidad, puede verse dramáticamente impedida y, a la vez, imperiosamente acelerada por una Sexta Extinción que tenga lugar por razones de una extinción auto-inducida (nuclear o climática, por ejemplo) o por razones exógenas que atenten contra la vida en la Tierra.

- Llegados a este punto, los planes de colonización espacial de Marte y *a fortiori* del Universo, con los que se busca escapar de la Tierra para evitar la Sexta Extinción y colonizar el espacio exterior resultan, en estos términos, un nuevo intento de los Póstumos por preservar la vida. Este tipo de empresas resultan contrarias a los axiomas de la Anti-Vida aunque, paradójicamente, los tecnócratas que sostienen estos proyectos son convencidos aceleracionistas de la Singularidad. Sin embargo, no parecen comprender la incompatibilidad ético-metafísica que existe entre el culto a la Singularidad y las exigencias de la axiomática de la Anti-vida que se desprende de la obra lovecraftiana.

■ La misma conclusión puede obtenerse de los sectarios de la inmortalidad transhumanista que, nuevamente, son aceleracionistas que conspiran contra los principios filosóficos profundos que sustentan sus propias aspiraciones en la búsqueda de la preservación indefinida de la vida. Sin la Anti-vida realizada en su totalidad, es imposible concebir a la Aniquilación como el destino ineluctable para el Universo existente. En este aspecto, como hemos señalado, los neorreaccionarios no están a la altura ética de su propia metafísica, pues no se pueden aceptar los postulados aceleracionistas sin comprender que están atados a la Anti-vida.

XII.

La filosofía de Mainländer responde al principio de la Anti-vida de Lovecraft destruyendo toda metafísica de la representación y de la presencia para afirmar, con toda contundencia, la voluntad de morir (*Wille zum Tode*) y la Aniquilación (*Vernichtung*). En el fondo, sería el camino que el propio Cristo habría enseñado con el metafórico "reino de los cielos" en contra de este mundo o Buda con su doctrina del nirvana que Mainländer transforma en metafísica del suicidio cósmico. Así podemos leer:

En el ser humano la voluntad de morir –el impulso más íntimo de su esencia– ya no es simplemente encubierta por la voluntad de vivir, como en el animal, sino que desaparece por completo en las profundidades, desde donde solo se manifiesta, de tiempo en tiempo, como un profundo anhelo por la tranquilidad. La voluntad pierde por completo de vista su objetivo (*Zweck*), su sentido, y los olvida, aferrándose (*klammert*) únicamente al medio (*Mittel*).[151]

De hecho, Mainländer no está en contra del Estado, pues en su versión social y democrática piensa que conduce al fortalecimiento del espíritu (*die Stärkung des Geistes*) que, a su vez, debilita a la voluntad y acelera, por tanto, el camino que conduce a la aniquilación. En cierta forma, el Estado y la existencia del individuo van socavando, poco a poco, el velo fenoménico de la vida para dar paso a los impulsos arcaicos que coinciden con el anhelo por la muerte como tranquilidad absoluta. Por ello, Mainländer apoya incluso la voluptuosidad amorosa (entendida como amor libre) como camino seguro para reencontrar la sed de aniquilación, aunque el sendero más eficaz, en esa dirección, es ligeramente diferente:

> Ante el espíritu del pensador se eleva, desde la profundidad del corazón, el objetivo puro de la existencia (*reine Zweck des Daseins*), radiante y luminoso, mientras que el medio desaparece por completo. Ahora bien, la reconfortante imagen satisface del todo sus ojos y enciende su voluntad; vigorosamente arde el anhelo de morir y, sin vacilación, la voluntad se apodera con entusiasmo moral del mejor (*bessere*) medio para el objetivo reconocido. La virginidad (*Virginität*). Un ser humano tal es la única idea en el mundo que sí puede alcanzar la muerte absoluta (*absoluten Tod*) queriéndola.[152]

Incluso más apto para los fines de la Aniquilación resulta la virginidad que la voluptuosidad, pues la primera se asegura la liquidación del principio genealógico de la reproducción que gobierna a las sociedades humanas. De hecho, "el impulso sexual (*Geschlechtstrieb*) es el lazo que nos une con más firmeza al mundo; es el escollo más grande que nos separa de la paz del

---

151 MAINLÄNDER, 2021: I, 334 (364).
152 MAINLÄNDER, 2021: I, 334 (365).

corazón; es el velo más espeso que nos oculta la ley divina".[153] Por tanto, sin la reproducción biológica, la especie alcanzará, con mayor celeridad, el ideal de su Extinción absoluta. Como puede verse, los principios metafísicos de la muerte de Dios (metafísica) dan sustento a la Ética (suicidio voluntario) pues, como escribe Mainländer, en una forma de coherencia que rara vez puede encontrarse en un filósofo, "la Metafísica le da a mi Ética la última y más alta consagración".[154] Sólo satisfaciendo esta condición puede afirmarse que "el sabio mira a los ojos, fija y alegremente, a la nada absoluta (*absoluten Nichts*)".[155] En este punto es posible constatar cómo la filosofía de Mainländer es una expresión más cabal de la Anti-vida de Lovecraft que la ciberfilosofía de Land, la cual, por su divorcio de la Ética con la Metafísica, no ha sabido estar hasta el momento a la altura de sus propias premisas.

- El pensamiento lovecraftiano contemporáneo, como puede apreciarse, debe tomar su punto de partida más genuino en la restauración del auténtico significado de la Anti-vida y de los corolarios lógico-metafísicos y éticos que se desprenden de sus postulados.

- Es posible constatar que el suicidio humano, para Mainländer, es una suerte de *imitatio Dei*. Esto significa que la Divinidad abdicó de su Omnipotencia en el Ser para precipitarse, en el primer acto suicida cósmico, en los abismos de la Nada. De esta forma, Mainländer se erige como una suerte de aceleracionista *ante litteram*, pues la existencia no solo debe terminarse por el primado del sufrimiento ontológico, sino que el suicidio voluntariamente asumido acelera la necesaria muerte definitiva de Dios en lo que a sus restos se refiere pues estos habitan en los destellos de la vida presen-

---

153 MAINLÄNDER, 2021: II, 448 (271).
154 MAINLÄNDER, 2021: I, 357 (385).
155 MAINLÄNDER, 2021: I, 358 (386).

te en los seres hablantes. Así, con el suicidio voluntario, los seres hablantes completarían el deseo del Dios originario y cumplirían su total Extinción. Por medio de este acto, en consecuencia, los seres hablantes contribuyen a la aceleración de la entropía cósmica y la precipitación del Universo en el *Nihil*.

■ El propio Lovecraft, ciertamente, ya defendía la tesis aceleracionista: "desintegración de toda la materia en electrones y finalmente el espacio vacío asegurado [...] Caso de *aceleración* – el hombre pasa hacia el espacio".[156] No debe sorprendernos, entonces, que la filosofía NRx asocie al aceleracionismo con el Horror lovecraftiano. Salvo que la genealogía de esta procedencia es inversa y Lovecraft es el primer aceleracionista contemporáneo en asumirse como tal.

XIII.

Una diferencia crucial separa, con todo, a Mainländer de las especulaciones NRx, pues el primero sostenía la completa desaparición de Dios y de la humanidad en la Nada final. El *Nihil*, precisamente, coincide ahora con la propia Redención cerrando el ciclo de la historia cósmica en un gélido vacío en la eternidad. Dicho sea de paso, aun con esta aniquilación existe una redención, posibilidad que se niega, por ejemplo, en la filosofía de la irredención trágica de Julius Bahnsen.[157] Ciertamente, filósofos como Land saben que el destino del Universo conduce, probablemente, a ese mismo camino, pero creen acelerarlo con la emergencia de una Entidad sintiente telemática que supere a los humanos. Se trata de una suerte de mega-explosión de entidades no-humanas que reemplacen a *Homo* antes de lo que, de todas maneras, será una aniquilación anunciada.[158] En última

---

156 LOVECRAFT, 2006: 221. El uso de la letra cursiva pertenece a Lovecraft.

157 Sobre este punto, resultan de utilidad las reflexiones de BEISER, 2016: 264.

158 Se trata del proceso que el autor de Providence había preconizado: "la caída del hombre ante la nueva raza (*the fall o man before the new race*)", en LOVECRAFT, 2006: 221.

instancia, la búsqueda misma de la Singularidad carece de sentido si la apuesta es por el *Nihil* cósmico radical, a menos que se la admita como factor irreemplazable de aceleración. La disyuntología y la ontología analéptica también admiten el mismo postulado de la Extinción pero suponen un tercer camino no explorado por las otras vías: la inmortalidad sostenida en la imposibilidad de la supervivencia individual pero sustentada en un entramado múltiple de Fractos que disuelven el principio de individuación pero preservan la existencia cosmogónica. Para estos fines, resulta necesario incorporar el postulado de la subsistencia "allende el Ser" que implica, asimismo, la posibilidad de una insistencia indistinta tanto al Ser como a la Nada y que, por tanto, pueda evitar las polaridades que determinan a la Divinidad de Mainländer. Ante el suicidio que exige, por deducción de principios, la metafísica lovecraftiana, el movimiento NRx responde con una dilación-aceleración por medio de las formas evolutivas superiores cuya emergencia aguardan. Por su parte, Mainländer lo hace con su nihilismo del suicidio activo como disolución radical. Finalmente, la ontología analéptica, con el principio de la inmortalidad cósmica, torna obsoletos los dos caminos alternativos anteriormente descritos aun si no condena el acto del suicidio voluntario expresado en los precisos términos de Mainländer. Es decir que la disyuntología y la analéptica reconocen que la de Mainländer es la más seria de las éticas nihilistas para este Universo pero, ontológicamente, el suicidio auténtico es una imposibilidad cósmica en el sistema de los Fractos múltiples.

■ En todo caso, en los términos de la analéptica, la Aniquilación que pretende propiciar el suicidio voluntario no es sino relativa y no absoluta, puesto que únicamente multiplica el movimiento en una región fractal específica. No hay que olvidar que tanto en la disyuntología como en la analéptica los Fractos sobredeterminan todo lo que se halla en el Ser o allende el Ser en todos los mundos posibles y no solamente en este Universo.

XIV.

Existe un único modo de evitar, en nuestro Universo particular, el desenlace extremo de la inevitable explosión noética del Gran Intelecto Cibernético y la absorción de todas las formas de vida, incluidas las telemáticas, bajo su égida guiadas por una ética consecuente del suicidio voluntario. Este modo no consiste en una radicalización del aceleracionismo para superar al Capital, como algunos ingenuamente han supuesto, pues ese camino no hace sino reforzar la tenaza metafísica del Tiempo. Al contrario, resultaría necesario alterar la sustancia misma del Tiempo cósmico y suspenderlo, ponerlo entre paréntesis y cambiar, al menos, la experiencia de su curso. No se puede subestimar la potencia de acción que esta posibilidad tendría sobre el Tiempo, incluso sobre ese Absoluto cosmológico mediado por el perceptor que lo transforma. En siglos ya fenecidos, pero aún muy próximos, ese Ideal fue el portador de un nombre: Revolución.

■ No hay que ser negligentes con la importancia disruptiva que el propio Lovecraft otorgaba a la temporalidad. De hecho, su aspiración era "consecuentemente pensar en el tiempo como algo místico (*mystical*) y portentoso (*portentous thing*) donde todo tipo de maravillas inesperadas (*unexpected wonders*) podrían ser descubiertas".[159] En cierta medida, podemos decir que el pensamiento del tiempo se divide en dos grandes categorías: quienes creen en el tiempo como Historia y quienes cavilan el tiempo como profecía. Lovecraft pertenece a este último grupo y, en ese sentido, muy a su pesar, su concepción del tiempo entronca duraderamente con el Ideal de Revolución.

■ Los Póstumos que rigen el Eón presente, hasta ahora, consideran completamente perecido a este Ideal y se encarnizan, decididamente, con quienes portan aún consigo esa posibilidad. De igual modo, la democracia es considerada

---

159 Lovecraft, 2006: 208.

prescindible e, incluso, un obstáculo para la instauración de la Singularidad y la llegada de la Aniquilación. En otras palabras, los Póstumos de todo el mundo, sin ser conscientes plenamente de ello, son militantes del ocaso cósmico y le rinden un culto incesante al *Nihil*. No debe extrañarnos, entonces, sobre estos aspectos, su afinidad con Lovecraft, quien asimismo buscaba "prevenir (*forestall*)" la "revolución social (*social revolution*)".[160]

XV.

No cabe duda de que Lovecraft anticipó la situación de nuestro mundo político actual sin la menor sombra de dubitación. Lúcidamente, dio por terminada la democracia occidental ya en su propio tiempo, pues "obviamente el gobierno *por* el pueblo es ahora una broma o una tragedia (*governement* by *the people is now a joke or a tragedy*)".[161] Ciertamente vacilante en su posición política a lo largo de su vida, la crítica a la democracia, sin embargo, nunca dejó de estar presente en un pensador que osciló entre propulsar una monarquía general o un socialismo anti-marxista como vías políticas viables. Era consciente de la acumulación plutocrática de la riqueza en unos pocos y de la necesidad de una redistribución de recursos pero, a diferencia de los antiguos griegos, no pensaba que el gobierno ideal debiera ser ejercido por algún "artista, filósofo o científico"[162] sino por técnicos altamente capacitados y especializados en los "laberínticos problemas gubernamentales (*labyrinthine governmental problems*)"[163] que marcan a las administraciones estatales del presente. Ante este panorama, Lovecraft no vacila en proponer un gobierno "fascista (*fascistic*)" formado por una "oligarquía

---

160 Lovecraft, 2006: 101.
161 Lovecraft, 2006: 93.
162 Lovecraft, 2006: 93.
163 Lovecraft, 2006: 93.

(*oligarchy*) de la inteligencia y de la educación".[164] Cabe comprender que la educación requerida es cibernético-técnica.[165] El corolario se impone: sólo una oligarquía tecnocrática y elitista con propósitos cibernéticos está a la altura de la dirección de los destinos de una Humanidad para cuyo escenario Lovecraft veía "millones de desempleados, probablemente de manera permanente bajo el presente sistema, existiendo en una misera creciente (*increasing misery*) y en el miedo (*fear*)".[166] En estos aspectos, Lovecraft no dejaba de ser un profeta del Eón actual y del que se está gestando para el futuro hacia el que los seres hablantes se dirigen ciegamente.

- Nadie debe sorprenderse, entonces, ni de la lucidez de Lovecraft al anticipar la caída de las democracias occidentales y el advenimiento de un autoritarismo generalizado en Occidente, así como tampoco el entusiasmo de los neorreaccionarios del presente por la filosofía del Horror lovecraftiana que aboga por un poder transferido a la élite cibertecnológica.

- Ciertamente, la distribución de recursos por la que abogaba Lovecraft buscaba asegurar a cada individuo "un estatuto de respeto por sí mismo (*self-respecting status*) y una modesta cuota de comida, ropa, hogar, libertad y recreación" con el fin de hacer "de la vida en la civilización existente (*existing civilisation*)"[167] un esfuerzo duradero que valga la pena ante un escenario donde "el 2% de la población acapara el 80% de los recursos"[168] y ha utilizado la "propiedad privada (*private property*)" como una maquinación de

164 LOVECRAFT, 2006: 93.
165 El escritor de Providence se halla aquí especialmente influido por el movimiento tecnocrático del ingeniero Howard Scott y, especialmente, por Walter Rautenstrauch (1880-1951), profesor de ingeniería industrial en Columbia. Cf. LOVECRAFT, 2006: 85.
166 LOVECRAFT, 2006: 93
167 LOVECRAFT, 2006: 94-95.
168 LOVECRAFT, 2006: 99.

los privilegiados para "ganar el dominio sobre las masas (*to gain dominance over the masses*).[169] Esta prognosis es deliberadamente obviada por el movimiento NRx a la hora de apropiarse del pensamiento del escritor de Providence dado que, en este aspecto, la Aniquilación es desde este punto de vista preciso: una política civilizacional deliberada a gran escala en su vertiente socio-histórica.

XVI.

Franz Kafka pensaba que el Mal sabe del Bien pero el Bien no sabe del Mal. Ciertamente, ignorar sistemáticamente esta sabiduría ha hecho que el romanticismo político contemporáneo fracase ante el ascenso del *Novus Ordo Seclorum* que se ubica del lado de los que saben. En ese sentido, Kafka también pensaba que existe "lo indestructible (*das Unzerstörbare*)".[170] Se trata, a no dudarlo, de uno de sus conceptos más herméticos pero decisivos y se refiere de un núcleo que reside en cada individuo al mismo tiempo que abarca a todo lo común que tienen los humanos entre sí. Precisamente, el Horror que vaticinó Lovecraft ha tocado a lo "indestructible" y lo ha fracturado. Como Kafka no ha dejado de señalar que lo "indestructible" es una relación privilegiada con lo divino, podemos sostener que el gesto tecno-cibernético ha desligado la relación de los *homines* con lo *theîon*, dando lugar a la emergencia de los Póstumos, es decir, de seres ya desprovistos del resguardo de lo "indestructible" y, por tanto, ontológicamente quebrados. Se ha destruido así el último bastión metafísico de lo viviente, condición indispensable para el advenimiento de la Singularidad, del Gran Filtro y del Exterminador. La civilización destinada a propiciar el fin de todo el Universo ha nacido. En otras palabras, es la declinación definitiva del Ser que sella el final de toda una onto-teo-logía milenaria.

---

169 LOVECRAFT, 2006: 111.
170 KAFKA, 2019: aforismo 70/71.

- Cabe resaltar que se trata, una vez más, de nuestro Universo conocido, pues sobre el *Nihil* mismo reina el *Un-grund*, incólume incluso ante lo divino, pues este último nace y se nutre de su seno. Nada de lo que en este Universo se geste o se aniquile puede afectar la estancia para-metafísica del *Un-grund*. Para este último, nuestro Universo no es más que un acto analéptico en medio de la infinitud.

- El *Un-grund*, figuración post-metafísica fundamental de la ontología analéptica, descansa sobre su relación con el Tiempo dado que es su grado cero absoluto, una región cosmológica indiferente tanto al devenir como a la eternidad. Un horizonte para-metafísico sin Tiempo desarma, ipso-facto, toda la historia de la onto-teo-logía occidental, pues esta última se basa, precisamente, en un principio de historialidad que no puede sino desplegarse en el Tiempo. En ese sentido, el *Un-grund* se adentra por completo en el *Nihil* y, de esta forma, puede receptar la entropía de todo el Universo. Sin embargo, el *Un-grund* no coincide con la realización plena del *Nihil* puesto que se sitúa en un punto inalcanzable para la Nada a la que toma como sustrato para, en una especie de *loop*, volver a disponer de cualquier nuevo Universo sin otro fundamento que su propio *Nihil* pero, esta vez, con una nueva posibilidad de subsistencia relativa. Como corolario, la analéptica alcanza en el *Un-grund* su grado más eminente desde el punto de vista de la filosofía primera.

Doomsday Clock Statement 2025

El *Bulletin of the Atomic Scientists*, que remonta su linaje a Albert Einstein y a un arrepentido Robert Oppenheimer, ha tenido como proyecto la creación de una suerte de sensor apocalíptico que mide, según el símbolo de un reloj, el tiempo que falta para la catástrofe que termine con la humanidad en una extinción auto-inducida por la tecnología y la guerra. Cuando corría el año 2018, hicimos una primera mención respecto del reloj apocalíptico y, en aquel entonces, faltaban dos minutos para la medianoche final.

Al 28 de enero de 2025, los tiempos se han acortado y solo restan 89 segundos, la más grave de toda la historia contemporánea. "Nunca la catástrofe ha estado tan cercana", apuntan los científicos. Y esto no solamente por las guerras en curso y las escaramuzas nucleares que se esgrimen como amenaza más certera que nunca. Ni tampoco únicamente por los desastres del cambio climático. El diagnóstico involucra, de manera preferencial, las "tecnologías disruptivas" como la *Artificial Intelligence*. Las máquinas ya están tomando decisiones de guerra pero los científicos se preguntan "hasta qué punto se les permitirá a las máquinas tomar decisiones de carácter militar"[171] incluidas las concernientes al poder nuclear. Simultáneamente, se incrementó el riesgo de que mortíferos patógenos escapen (o sean liberados ex profeso) de los proliferantes laboratorios del mundo dedicados a la bio-economía de la guerra. De igual modo, ya se señala que lo que cabría denominar guerra civil mundial en curso pueda expandirse por fuera del planeta Tierra hacia el espacio exterior comenzando por el uso de satélites como soporte de las guerras terrestres. El nuevo orden mundial no se limita, como ya hemos señalado, al ámbito geodésico, sino que la conquista de Marte es también una expansión de la guerra a un ámbito galáctico. En suma, por si quedara alguna duda, los científicos concluyen que "los Estados Unidos, China y Rusia tienen el poder colectivo (*collective power*) para destruir la civilización".[172]

En este sentido, cabe destacar que Occidente y Oriente tienden a confluir en regímenes autoritarios ajenos a las antiguas democracias burguesas. Ciertamente para la plutocracia mundial importa la hiper-ciencia capaz de traducirse en técnica transhumanista. Por eso es posible que la plutocracia planetaria pro-

---

171 MECKLIN, 2025: 3.
172 MECKLIN, 2025: 3.

pugne regímenes autoritarios hiper-científicos (vale decir, ci-bernético-telemáticos) que rechazan verdades adquiridas de la ciencia clásica a la que consideran una auténtica enemiga. En este punto, las *élites* contemporáneas no toman el camino de la ciencia sino el de la hiper-ciencia y, como tales, se sitúan en un punto que Lovecraft no llegó a entrever, vale decir, una pluto-cracia educada en el titanismo técnico que arrasa con la episte-me clásica y se apronta a promover una tiranía global donde la verdad y la mentira ya no desempeñan únicamente un rol extra-moral sino, además, extra-epistémico haciendo incluso posible la solo aparente paradoja de que se pueda mentir con la verdad.

En cierta forma, la guerra contra las máquinas no es una pre-dicción sino el resultado de una Hiperstición en curso. Salvo que las que desataron la guerra son las máquinas cuya energía existencial no proviene únicamente de sus fuentes de alimenta-ción tradicionales sino de las conciencias y los espíritus de todos los habitantes del orbe a quienes consumen para subsistir. No existe hoy ninguna guerra en el mundo que no sea guerra con máquinas, es decir, de la máquina contra los seres hablantes ab-sorbidos en la red psicogénica a la que nutren sin cesar con sus cuerpos. De esta forma, la guerra como configuración maquí-nica ya ha dado comienzo y el caballo de Troya se puso de ma-nifiesto con la glorificación de los conceptos "maquínicos" por parte de algunos de los filósofos más lúcidos del siglo XX que, en este punto, trabajaron inconscientemente en favor de la gran conflagración en curso. En conclusión, como puede apreciarse, cada movimiento del *Doomsday Clock* es una representación de la Aniquilación, casi una profecía de la llegada del Gran Filtro que se acerca ineluctable ante una humanidad que, activamen-te, favorece su propia Extinción.

Epílogo:
Horror (vacui)

Gilles Deleuze ha escrito que los devenires múltiples que en muchas ocasiones propone la literatura pueden coexistir "a todos los niveles, de acuerdo con unas puertas, unos umbrales y unas zonas que componen el universo entero, como en la obra potente de Lovecraft".[173] En efecto, hemos intentado mostrar aquí cómo desde la geografía sagrada del poder hasta el sueño, pasando por el sujeto y el *continuum* espacio-tiempo, las proposiciones de Lovecraft suponen un desafío inusitado para la filosofía al mostrar cómo esta debe situarse en el marco de un universo postulado como un infinito absoluto. Por cierto, en dicho universo las formas de la vida humana tienen una insignificancia relativa que las libera de toda necesariedad de existencia ontológica en el cosmos. Pero, de un modo más determinante, Lovecraft llega a plantear la urgencia de pensar una filosofía más allá de toda forma de vida y más allá de toda distinción entre lo orgánico y lo inorgánico.

En el universo lovecraftiano, la vida es un accidente absoluto (por decirlo de un modo sólo aparentemente paradojal) y no puede constituirse en el *fundamento* (lo cual no equivale a decir en el *objeto*) de ninguna metafísica o de ninguna ciencia. En efecto, en el otoño de 1933, William Crawford le solicitó a Lovecraft la escritura de un ensayo autobiográfico que nunca llegó a

---

173 DELEUZE, 1993: 11.

publicarse en vida del autor. En ese texto, cuyo manuscrito original se conserva en la John Hay Library de la Brown University de Providence, Lovecraft señala un hito insoslayable en su concepción sobre el horror:

> la "vivacidad" de un verdadero cuento de horror (*weird tale*) yace simplemente en la violación o superación de una ley cósmica fija "una escapada imaginativa de la tediosa realidad" por consiguiente, los *fenómenos* más que las *personas* constituyen los "héroes" lógicos.[174]

De allí, su temprano interés por la

> interrupción de las prosaicas leyes de la Naturaleza, o alguna intrusión monstruosa (*monstrous intrusion*) en nuestro mundo familiar por parte de cosas desconocidas de los ilimitados abismos exteriores (*limitless abysses outside*).[175]

Por la misma razón, Lovecraft manifiesta un rechazo pronunciado por "los intereses y las emociones comunes humanas" que, programáticamente, "no tienen validez o significado en el vasto cosmos".[176] El fenómeno, entonces, supera al individuo, puesto que este último se sitúa, finalmente, como un punto olvidado y prescindible de un cosmos ilimitado.

Para Lovecraft, los personajes, es decir las formas de vida, son ontológicamente irrelevantes frente a la potencia de los fenómenos que las preceden y las sucederán. El tiempo, el espacio, pero también el sujeto y algunos atributos, aparentemente más propios de lo viviente, como el sueño o la conciencia, no dependen, necesariamente de un soporte en la corporalidad viviente.

¿Puede la filosofía estar a la altura de este desafío de pensamiento? En este sentido, una de las categorías centrales de Lovecraft, lo *weird*, de tan difícil traducción, que se ubica entre los polos de lo ajeno al mundo terrestre y lo misterioso preternatu-

---

174 LOVECRAFT, 2006: 211. El resaltado del texto pertenece a Lovecraft.

175 LOVECRAFT, 2006: 207.

176 LOVECRAFT, "Carta a Clark Ashton Smith del 27 de noviembre de 1927", en *Cuentos*. 2024: 725.

ral, define también una región ontológica más allá de lo humano y, *a fortiori*, más allá de la vida.

En este sentido, el *horror* como concepto supremo de la literatura lovecraftiana, no significa simplemente el espanto ante lo aberrante o lo desconocido. Ante todo, es la forma designativa que Lovecraft encuentra para señalar un espesor en el Ser que no puede ser aprehendido según las tradicionales categorías de la metafísica o de la ciencia y que demanda un nuevo esfuerzo de captación. Sin embargo, designa también la *Stimmung* específica del hombre ante el descubrimiento de su verdadero no-lugar antrópico en el cosmos.

La única tonalidad fundamental que define al ser hablante que toma consciencia de las dimensiones del desafío que el pensamiento debe enfrentar ante los abismos de un universo infinito absoluto destinado a su Aniquilación es el horror. Desde luego, no se trata tampoco de una pasión humana. El horror representa el final del ciclo de las pasiones ligadas a la finitud, como la angustia o el hastío. Ningún existencialismo es posible en este marco donde, justamente, la existencia es postulada como una contingencia que se diluye en un cosmos hostil del cual el hombre debe dar cuenta con la certidumbre, por otra parte, de que su saber no le traerá ninguna garantía de salvación.

Sin embargo, el horror de Lovecraft es todavía, por momentos, un *horror vacui*, pues el escritor no deja de poblar al universo del Mito de incontables e indomeñables criaturas, como si la perspectiva de la ausencia de dichas formas de vida fuese una pesadilla aun más difícil de soportar. En la cumbre del terror lovecraftiano, las criaturas extra-mundanas aportan un consuelo vicario ante una posibilidad, quizá más aterradora todavía, como sería la de un vacío absoluto de toda forma de vida. ¿Alcanzamos aquí el límite del Mito lovecraftiano? ¿Cómo podría conceptualizarse, entonces, un mundo de *fenómenos absolutos*, privados de todo personaje, de toda subjetividad de algún tipo o, en otras palabras, la posibilidad de una *outsideness* radical?

¿Es posible pensar algún tipo de sujeto, algún mundo del sueño, alguna forma (más allá) del espacio-tiempo una vez superada toda forma de vida existente en el universo? Este límite extremo de la literatura lovecraftiana, a veces sugerido, tímidamente esbozado en alguna línea de un relato, es el punto de partida del que debe hacerse cargo plenamente la metafísica post-historicista, post-antrópica y analéptica. Y tanto más agudo resulta el desafío cuanto que se torna necesario postular la posibilidad de acceso a esta realidad desde la vida presente aun si esta, como hemos visto a lo largo de estas páginas, debe también ser redefinida en su totalidad en cuanto al punto de vista de la comprensión y estudio de sus verdaderas potencialidades. Esto implicará acercarse a explicar en qué podría consistir un *fenómeno absoluto*, es decir, liberado de su ligamen con el perceptor (incluso considerando las posiciones más audaces avanzadas por Lovecraft) y de la relación vinculada al sustrato de la vida.

Por esta razón, entonces, el universo ya no podrá ser pensado únicamente en los términos propios de un cosmos ordenado según las leyes hasta ahora descubiertas por la ciencia. El universo planteado por Lovecraft introduce, precisamente, una *hendidura* no ya en la vida, o en el sujeto, sino el Universo mismo. El multiverso que Lovecraft señala como herencia problemática para la filosofía se encuentra regido por un *principio de analepsis* que se halla en el Ser mismo de una imposible totalidad. Un multiverso analéptico exige una ciencia que pueda ir más allá de todo sistema conocido y que, sin renunciar al acceso a la verdad, plantee auténticamente lo que significa para el pensamiento estar a la altura de la aprehensión de un cosmos inaudito. Una ciencia que, tal vez, incluso abra las puertas para adentrarse en la analepsis apuntada y dirigirse al conocimiento de un *Un-grund* disociado de todo Ser. Es decir, no simplemente un *Un-grund* "más allá del Ser" con el cual, en consecuencia, guardaría una relación por dependencia negativa, sino positivamente desvinculado, en modo absoluto, de toda forma del Ser.

Bibliografía

Nota: En la bibliografía general se enumeran sólo las obras efectivamente citadas y no así las únicamente consultadas. Las traducciones de los relatos de Lovecraft pertenecen a la edición castellana señalada a continuación. La traducción de los textos no literarios de Lovecraft así como de todas las demás obras citadas pertenecen al autor de este libro a menos que exista aclaración de lo contrario.

1. Obras de Howard Phillips Lovecraft.

1.1 Ediciones en lengua inglesa consultadas:

LOVECRAFT, Howard, Phillips. *The Fiction*. New York: Barnes & Noble, 2008.

LOVECRAFT, Howard Phillips. *The Horror in the Museum and Other Revisions*, edición de Joshi, Sunand Tryambak. Sauk City: Arkham House, 1989.

LOVECRAFT, Howard Phillips. *Collected Essays, volume 2: Literary Criticism*. Edited by S.T. Joshi. New York, NY: Hippocampus Press, 2004.

LOVECRAFT, Howard, Phillips. *Collected Essays, volume 3: Science*. Edited by S. T. Joshi. New York: Hippocampus, 2007.

LOVECRAFT, Howard, Phillips. *Collected Essays, volume 5: Philosophy, Autobiography & Miscellany*, Edited by S. T. Joshi. New York: Hippocampus, 2006.

LOVECRAFT, Howard, Phillips. *Selected Letters I*. Edited by August Derleth and Donald Wandrei. Sauk City: Arkham House, 1965.

LOVECRAFT, Howard, Phillips. *Selected Letters II*. Edited by August Derleth and Donald Wandrei. Sauk City: Arkham House, 1968.

LOVECRAFT, Howard, Phillips. *Selected Letters III*. Edited by August Derleth and Donald Wandrei. Sauk City: Arkham House, 1971.

LOVECRAFT, Howard Phillips. *Selected Letters IV*. Edited by August Derleth and James Turner. Sauk City: Arkham House, 1976.

LOVECRAFT, Howard Phillips. *Selected Letters V*. Edited by August Derleth and James Turner. Sauk City: Arkham House, 1976.

1.2. Ediciones en lengua castellana:

LOVECRAFT, Howard, Phillips, *Obras completas*, Estudio preliminar y edición a cargo de Edgardo C. Lois, 3 volúmenes, Buenos Aires: Díada, 2009. [A pesar de su título, esta edición contiene únicamente los relatos de autoría exclusiva de Lovecraft y el ensayo *El horror sobrenatural en la literatura*].

Asimismo, hemos tenido a la vista el volumen titulado *Cuentos*. Edición de Luis Pestarini. Introducción de Pablo Debussy. Buenos Aires: Colihue, 2024.

2. Bibliografía general

ABBOTT ABBOTT, Edwin.
Flatland. A Romance of Many Dimensions, London: Seeley and Co., 1884 (Princeton University Press 2005).

ALLEN, Michael.
"Marsilio Ficino, Hermes Trismegistus and the *Corpus Hermeticum*". In: Henry, John – Hutton, Sarah (editores). *New Perspectives on Renaissance Thought. Essays in the history of science, education and philosophy*. London: Gerarld Duckworth, 1990: 38-47.

ANAXÁGORAS.
De la naturaleza. In: CORNAVACA, Ramón. *Presocráticos. Fragmentos*. Volumen II. Edición bilingüe. Buenos Aires: Losada, 2011.

BADIOU, Alain.
Théorie du Sujet, París: Seuil, 1982.

BARING-GOULD, Sabine.
Curious Myths of the Middle Ages. 2 volúmenes. London – Oxford – Cambridge: Revingtons, 1868.

BARREAU, Hervé.
"Bergson et Einstein". *Études bergsoniennes* (10), 1973: 73-134.

BEISER, Frederick.
Weltschmerz: Pessimism in German Philosophy, 1860-1900. Oxford: Oxford University Press, 2016.

BERGSON, Henri.
Durée et simultaneité, París: Presses Universitaires de France, 1992 (1922ª).

BENVENISTE, Émile,
"De la subjetividad en el lenguaje". In: *Id. Problemas de lingüística general I*, traducción de Juan Almela, México: Siglo XXI editores, 1971: 179-187 (edición francesa original de 1966).

142

BERNARD, Raymond.
Agartha. The Subterranean World: Mokelumne Hill: Health Research, 1960.

BESANT, Annie – LEADBEATER, Charles Webster,
Man. Whence, How and Whither. A Record of clairvoyant investigation.
Illinois: The Theosophical Press, 1947 (1913ª).

BLATT, Franz.
"Ministerium-Mysterium". *Archivum Latinitatis Medii Aevi*, nº 4, 1928: 80-81.

BLAVATSKY, Helena.
The Secret Doctrine: the synthesis of Science, Religion and Philosophy.
London: The Thesophical Publishing Company, 1888.

BOULNOIS, Olivier (editor).
Généalogies du sujet. De Saint Anselme a Malebranche. Paris: Vrin, 2007.

CAPEK, Milic.
Bergson and Modern Physics, Dordrecht: Reidel Publishing Company, 1971.

CARTER, Lin,
"H.P. Lovecraft: the books [as annotated by Robert M. Price and S.T. Joshi]". In: SCHWEITZER, Darrell (editor), *Discovering H.P. Lovecraft.*
Holicong: Wildside Press, 2001: 107-147.

CHERNISS, Harold.
The Riddle of the Early Academy. Berkeley – Los Angeles: University of California Press, 1945.

CICERÓN, Marco Tulio.
Des Termes extrêmes des biens et des maux. Volumen 2 (libros III-V). Edición y traducción de Claude Rambaux y Jules Martha. Paris: Les Belles Lettres, 2017.

COLLI, Giorgio.
La natura ama nascondersi. Physis kryptesthai philei. Milano: Adelphi, 1988.

D'ALVEYDRE, Saint-Yves.
Mission de l'Inde en Europe. Mission de l'Europe en Asie. La question du Mahatma et sa solution. Paris: Librairie Dorbon Ainé, 1910.

DECHARME, Paul.
Mythologie de la Grèce Antique. Paris: Garnier, 1886 (2ª).

DELEUZE, Gilles.
Critique et Clinique. Paris: Les Éditions de Minuit, 1993.

DELEUZE, Gilles – GUATTARI, Felix.
L'Anti-Ædipe, capitalisme et schizophrénie. Paris: Minuit, 1972.

DEL RÍO, Martín.
Disquisitionum Magicarum Libri Sex. Louvain: Gerardi Rivii, 1599.

DUGIN, Alexander.
La cuarta teoría política. Traducción de Alexandre Villacian y Fernando
Rivero. Barcelona: Ediciones Nueva República, 2013.

DURING, Élie.
"Bergson et la métaphysique rélativiste". In: AAVV, *Annales bergsoniennes,
tome III: Bergson et la science*. Paris: Presses Universitaires de France,
2007: 259-294.

FERRO, Ulises – SEMÁN, Pablo.
"Buscando un símbolo de fuerza". *Le monde diplomatique*. Edición de
Febrero de 2025. Disponible en línea.

FILÓN DE ALEJANDRÍA.
De gigantibus. Quod Deus sit immutabilis. Edición establecida por A.
Mosès. Paris: Éditions du Cerf, 1963.

FOUCAULT, Michel.
La question anthropologique. Cours 1954-1955. Edición François Ewald
y Ariana Sforzini. Paris: Gallimard / Seuil, 2022.

FREUD, Sigmund.
Jenseits des Lustprinzips. In: *Id. Gesammelte Schriften*. Band 6. Leipzig –
Wien – Zürich: Internationaler Psycoanalytischer Verlag, 1925: 189-257.

FREUD, Sigmund.
Die Traumdeutung. In: *Id. Gesammelte Schriften*. Band 2. Leipzig – Wien
– Zürich: Internationaler Psycoanalytischer Verlag, 1925 (1900[a]).

FRIEDLÄNDER, Paul.
Platon. Band I: Seinswahrheit und Lebenswirklichkeit. Berlin – Leipzig:
Walter de Gruyter, 1964.

GIGON, Olof.
Der Ursprung der Griechischen Philosophie. Basel: Schwabe & Co., 1968.

GODWIN, Joscelyn,
Arktos: The Polar Myth in Science, Symbolism and Nazi Survival.
Kempton: Adventures Unlimited Press, 1996.

GOULD, Charles.
Mythical Monsters. London: W. H. Allen & Co. 1886.

GUÉNON, René.
Le Roi du Monde. París: Gallimard, 1927.

GUÉNON. René.
Le Théosophisme. Histoire d'une pseudo-religion. Paris: Nouvelle Librairie Nationale, 1921.

GUEVARA DE ÁLVAREZ, María Estela (editora).
Antología gnómica de la literatura griega. Homero-Hesíodo. Buenos Aires: Santiago Arcos editor, 2012.

HAECKEL, Ernst.
Natürliche Schöpfungsgeschichte. Berlin: Georg Reimer, 1868.

HARMAN, Graham.
Weird Realism. Lovecraft and philosophy. Alresford: Zero Books, 2012.

HARMS, Daniel – GONCE III, John Wisdom.
The Necronomicon Files. The truth behind the legend. Boston: Red Wheel / Weiser, 2003 (1998ª).

HESÍODO.
Théogonie. Edición de Paul Mazon. Paris: Les Belles Lettres, 2021.

HOUELLEBECQ, Michel.
H.P. Lovecraft. Contre le monde, contre la vie. Paris: Éditions du Rocher, 1991.

JACOLLIOT, Louis.
Histoire des Vierges. Les peuples et les continents disparus, Paris: A. Lacroix et cie éditeurs, 1874.

JACOLLIOT, Louis.
Le Fils de Dieu, Paris: Lacroix, 1873.

JOLY, John.
The birth-time to the world and other scientific essays. New York: E.P. Dutton & Co., 1915.

JOSHI, Sunand Tryambak.
I am Providence: The Life and Times of H.P. Lovecraft. 2 vols., New York: Hippocampus Press, 2010.

JOSHI, Sunand Tryambak.
H. P. Lovecraft: The Decline of the West. Mercer Island: Starmont House, 1990.

JOSHI, Sunand Tryambak.
H.P. Lovecraft and Lovecraft Criticism. An annotated bibliography, Holicong: Wildside Press, 1981.

JOSHI, Sunand Tryambak.
H.P. Lovecraft. Four Decades of Criticism. Ohio: Ohio University Press, 1980.

JUNG, Carl Gustav.
"Symbole und Traumdeutung". In: *Id. Gesammelte Werke 18, Halbband 1: Das symbolische Leben.* Zürich: Walter-Verlag, 1981: 199-285.

JÜNGER, Ernst.
   Sämtliche Werke. Band 20. Erzählende Schriften III: Eumeswil. Stuttgart: Klett-Cotta, 2015 (1977ª).

KAFKA, Franz.
   "Du bist die Aufgabe". Aphorismen. Edición de Reiner Stach. Göttingen: Wallstein Verlag, 2019.

KAKU, Michio.
   Hyperspace. A Scientific Odyssey Through Parallel Universes, Time Warps, and the 10th Dimension. Oxford: Oxford University Press, 1994.

KAKU, Michio.
   Beyond Einstein: The Cosmic Quest of the Theory of the Universe. New York: Anchor Books, 1995.

KAKU, Michio.
   Physics of the Impossible. A Scientific Exploration into the World of Phasers, Force Fields, Teleportation and Time Travel. New York: Anchor Books, 2009.

KOYRÉ, Alexandre.
   From the Closed World to the Infinite Universe. Baltimore: The John Hopkins University Press, 1957.

KURZWEIL, Raymond.
   The Singularity is Near. When Humans Transcend Biology. New York: Viking, 2005.

LAMB, Charles.
   "Witches and Other Night-Fears". In: LAMB, Charles. *The Prose Works.* Volumen II. London: Edward Moxon, 1836: 147-158.

LAND, NICK.
   "Crypto-Current. An introduction to Bitcoin and Philosophy", 2024. www.aksioma.org. Disponible en línea.

LAND, Nick.
   Phyl-Undhu. Abstact Horror. Exterminator. Time-Spiral Press, 2014a.

LAND, Nick.
   "Abstract Horror" (2014b). In: *Id. Reignition. Nick Land's Writings (2011-).* Edición de Uriel Fiori. Disponible en línea: 14-41.

LAND, Nick.
   Teleoplexy. Notes on Acceleration. Disponible en línea, 2014c.

LAND, Nick.
   The Dark Enlightenment. Imperium Press, 2012.

LAND, Nick.
   The Thirst of Annihilation. Georges Bataille and Virulent Nihilism. London – New York: Routledge, 1992.

LESKY, Albin.
Gesammelte Schriften. Aufsätze und Reden zu antiker und deutscher Dichtung und Kultur. Edición de Walther Kraus. Bern – München, 1966.

LEVERANI, Mario.
Assiria. La preistoria dell'imperialismo. Roma: Lateza, 2017.

LEVI ST. AMAND, Barton.
The Roots of Horror in the Fiction of H.P. Lovecraft. New York: Dragon Press, 1977.

LÉVI-STRAUSS, Claude.
Tristes Tropiques, Paris: Plon, 1955.

LUDUEÑA ROMANDINI, Fabián.
La ascensión de Atlas. Glosas sobre Aby Warburg. Barcelona – Buenos Aires: Miño y Dávila editores, 2017.

LUDUEÑA ROMANDINI, Fabián.
Principios de Espectrología. La comunidad de los espectros II. Barcelona - Buenos Aires: Miño y Dávila editores, 2016.

LYELL, Charles.
The Geological Evidences of the Antiquity of Man with remarks on theories of the origin of species by variation. London: John Murray, 1863.

MACROBIO.
Saturnalia. Edición de James Willis. Leipzig: Teubner, 1963.

MAINLÄNDER, Philipp.
Schriften. Band I-II: Die Philosophie der Erlösung. Mit einem Vorwort zur Neuausgabe von W. H. Müller-Seyfahr. Hildesheim – Zürich – New York: Georg Olms, 2021 (1886ª). [edición castellana utilizada: *La filosofía de la redención.* Traducción de Sandra Baquedano Jer. Santiago de Chile: Fondo de Cultura Económica, 2021 y *Ensayos sobre filosofía política.* Traducción de Manuel Pérez Cornejo. Madrid: Alianza, 2024].

MASSIMI, Michaela.
"Why There are No Ready-Made Phenomena: What Philosophers of Science Should Learn From Kant". In: *Id.* (editora), *Kant and Philosophy of Science Today. Royal Institute of Philosophy Supplement: 63.* Cambridge: Cambridge University Pres, 2008: 1-36.

MAZZUCA, Roberto – SCHEJTMAN, Fabián – ZLOTNIK, Manuel.
Las dos clínicas de Lacan. Introducción a la clínica de los nudos. Buenos Aires: La nave de los locos, 2022.

METZ, Gauthier.
L'image du monde. Texte du Manuscrit de la Bibliothèque Nationale Fonds Fraçais n° 574. Edición de O.H. Prior, Lausanne – Paris: Librairie Payot, 1913 (circa 1246ª).

MECKLIN, John (editor).
2025 Doomsday Clock Statement. Closer than ever: It is now 89 seconds to midnight. Bulletin of the Atomic Scientists. 2024: 1-18.

MÜLLER, Max.
Essais sur la mythologie comparée. Les traditions et les coutumes. Paris: Didier et Cie, 1873.

MURRAY, Margaret Alice.
The Witch-Cult in Western Europe. A study in Anthropology. Oxford: Clarendon Press, 1921.

NATORP, Paul.
Platos Ideenlehre. Eine Einführung in den Idealismus. Hamburg: Felix Meiner Verlag, 2004.

NIETZSCHE, Friedrich.
Die Philosophie im tragischen Zeitalter der Griechen. In: *Id. Sämtliche Werke. Kritische Studienausgabe.* Band 1, 2. Edición de Giorgio Colli y Mazzino Montinari. Berlin – New York: Walter de Gruyter, 1988: 799-872.

NOCK, Arthur Darby.
Conversion. The Old and the New in Religion from Alexander the Great to Augustine of Hippo. Oxford: Oxford University Press, 1933.

OSSENDOWSKI, Ferdinand.
Beasts, men and gods. New York: E.P. Dutton & company, 1922.

OWEN, Richard.
On the Archetype and Homologies of the Vertebrate Skeleton. London: Richard and John E. Taylor, 1848.

PLATÓN.
Œuvres complètes. Tome IV, 3e partie: Phèdre. Edición de Claudio Moreschini y Paul Vicaire. Paris: Les Belles Lettres, 2022.

PRICE, Robert.
"HPL and HPB: Lovecraft's Use of Theosophy" y "Jung and Lovecraft on Prehuman Artifacts". *Crypt of Cthulhu.* Volumen 1, N° 5, Roodmas, 1982.

PRÓSPERI, Germán.
Metanfetafísica. Ensayo de sobredosis ontológica. Barcelona – Buenos Aires: Miño y Dávila editores, 2023.

RAND. Ayn.
Atlas Shrugged. New York: Penguin Books, 1996.

REMY, Nicholas.
Daemonolatreia libri tres. Francoforti: Officina Palthenii, 1596.

REVERDIN, Olivier – RUDHARDT, Jean.
Le Sacrifice dans l'Antiquité. Genève: Fondation Hardt, 1981.

ROHDE, Erwin.
Psyche. Seelencult und Unsterblichkeitsglaube der Griechen. 2 volúmenes en un tomo. Tübingen: Mohr Verlag, 1907.

ROSENROTH, Christian Knorr von,
Kabbala denudata seu doctrina Hebraeorum transcendentalis et metaphysica atque theologica. Volumen II. Frankfurt: B. C. Wust, 1684.

SERRANO, Miguel.
Ni por mar ni por tierra. Buenos Aires: Kier, 1979.

SCOTT, Walter.
Letters on Demonology and Witchcraft addressed to J. G. Lockhart. London: John Murray, 1830.

SCHOFIELD, Malcolm.
An Essay on Anaxagoras. Cambridge: Cambridge University Press, 1980.

SCHOLEM, Gershom.
Major Trends in Jewish Mysticism. New York: Schocken Books, 1995 (1941[a]).

SCHMITT, Carl,
Politische Theologie. Vier Kapitel zur Lehre von der Souveränität. Berlin: Duncker & Humblot, 2004 (1922[a]).

SCHÜRMANN, Reiner.
Le principe d'anarchie. Heidegger et la question de l'agir. Fiennes-Paris: Diaphanes, 2013 (1982[a]).

SCOTT-ELLIOT, William.
The Story of Atlantis and The Lost Lemuria. London: The Theosophical Publishing House, 1904.

SHAMDASANI, Sonu.
Jung and the Making of Modern Psychology. The Dream of a Science. Cambridge: Cambridge University Press, 2003.

SPRAGUE DE CAMP, Lyon,
Lovecraft. A Biography, New York: Doubleday, 1975.

STEINER, Rudolf.
Cosmic Memory. Prehistory of Earth and Man, New York: Harper & Row, 1981 (1904[a]).

STOLL, Heinrich Wilhelm – FURTWÄNGLER, Adolf.
"Atlas". In: *Ausführliche Lexikon der griechischen und römischen Mythologie.* 6 volúmenes. Edición de Wilhelm Heinrich Roscher. Leipzig: Teubner, 1884-1937: Band I: 704-711.

STROUMSA, Guy.
La Fin du sacrifice. Les mutations religieuses de l Antiquité tardive. Paris:
Odile Jacob, 2005.

TERTULIANO.
Apologétique. Commentaire analytique, gramatical et historique. Edición
de Jean-Pierre Waltzing. París: Les Belles Lettres, 1931.

USENER, Hermann.
"Organization der wissenschaftlichen Arbeit. Bilder aus der Geschichte
der Wissenschaft". *Preussische Jahrbücher*, 53, 1884: 1–25.

WARBURG, Aby.
Gesammelte Schriften II, 1. Der Bilderatlas Mnemosyne. Edición de Martin
Warnke – Claudia Brink. Berlin: Akademie Verlag, 2003.

WATKINS, Eric.
"Kant on Extension and Force: Critical Appropriations of Leibniz and
Newton". In: LEFÈVRE, Wolfgang (editor). *Between Leibniz, Newton
and Kant: Philosophy and Science in the Eighteenth Century.* Dordrecht
– Boston – London: Kluwer Academic Publishers, 2001: 111-128.

WEGENER, Alfred.
Die Entstehung der Kontinente und Ozeane. Braunschweig: Friedrich
Vieweg & Sohn Akt. Ges., 1929 (1922[a]).

WILLAMOWITZ-MÖLLENDORF, Ulrich von.
*Zukunftsphilologie! Eine Erwiderung afu Friedrich Nietzsches, Ord. Professors
der Classischen Philologie zu Basel, "Geburt der Tragödie" von Ulrich von
Willamowitz-Möllendorf, Dr. phil.* Berlin: Gebrüder Borntraeger, 1872.

WILSON, Edmund.
"Tales of the Marvellous and the Ridiculous" (1945). In: *Id. Classics
and Commercials. A Literary Chronicle of the Forties.* New York, Farrar,
Straus and Company, 1999 (1950[a]). pp. 286-290.

WINCHELL, Alexander.
*Sketches of Creation: A Popular View of Some of the Grand Conclusions
of the Sciences in Reference to the History of Matter and Life.* New York:
Harper & Bros, 1875.

WISSOWA, Georg.
Religion und Kultus der Römer. München: Oskar Beck, 1902.

Index Nominum

Agradecimientos

Este libro ha sido escrito en una estricta soledad premeditada. En el mundo contemporáneo, esta condición amenaza, cada vez más, con transformarse en un obligado estado de situación inapelable y no ya meramente en una condición de la creación. Se trata de un mundo donde una suerte de lobo Fenrir ha sido desatado y donde ya resulta imposible contenerlo. De allí la importancia inconmensurable de contar con ciertas presencias. Por esta razón, deseo dejar aquí constancia de mi gratitud, en primer lugar, hacia Emanuel Taub por haberme impulsado, con amplia generosidad, a la escritura de este libro. A Gerardo Miño le debo la valentía de ser el principal impulsor de mi escritura filosófica a la que le brinda un arte de edición que alcanza la exquisitez. A Elsa Dávila le debo la palabra literaria pues ha sido, con su último libro, quien me ha acompañado con su prosa y su dulce presencia en momentos de dificultad.

Los amigos de Brasil han estado siempre presentes y es una tierra a la que le debo toda mi inspiración para este libro: me refiero a Julian Alexander Brzozowski, Leonardo D'Avila Oliveira, Marina Moros, Fernando Scheibe y Marco Antonio Valentim. En Europa, tanto Emanuele Coccia como Mårten Bjork y Gustav Sjöberg son admirados colegas y amigos que no pueden dejar de ser mencionados.

En la Argentina, he adquirido deudas de gratitud con Rafael Arce, Ulises González Ferro, Rodrigo Ottonello, Fernando Beresñak y Juan Cruz Aponiuk. *Last but not least,* mi aprecio hacia los mecenas anónimos que han hecho este proyecto posible porque, de otro modo, hubiera sido inviable en las presentes condiciones de destrucción de la Universidad argentina.

Nota tipográfica

La tipografía Cheltenham, utilizada en el cuerpo de texto de este libro, fue diseñada en 1896 por el arquitecto Bertram Goodhue y el impresor Ingalls Kimball. Inicialmente conocida como "Boston Old Style", esta fuente fue posteriormente adaptada, en 1902, por Morris Fuller Benton –de la fundición American Type Founders–, diseñando su forma final con influencias del movimiento Arts & Crafts. Y aunque originalmente fue pensada como una tipografía de textos corridos, se fue convirtiendo en una de las formas favoritas para cartelerías, ganándose el título de *reina de las fuentes de exhibición*, y su popularidad se mantuvo hasta la irrupción de las fuentes sans-serif geométricas.

Su ciudad natal, Boston, era a principios del siglo XX una localidad vibrante y en crecimiento, marcada por una rica historia y un importante papel como centro económico en Nueva Inglaterra. Sus calles mostraban orgullosas afiches y cartelerías, compuestos con tipografía Cheltenham en cuerpos grotescos, anunciando productos y eventos culturales.

Uno de ellos pudo haber sido la *Convención de escritores aficionados*, llevada a cabo en julio de 1921, a la que concurrió un apesadumbrado Lovecraft, de treinta años de edad, afectado por la reciente muerte de su madre. Ese viaje a Boston significará para él un encuentro de dolores y bálsamos. Allí conocerá a Sonia Greene, quien meses más tarde se convertirá en su esposa. De manera casual, la vida irrumpe en el camino, aun en medio del desasosiego.

En el otro extremo del continente americano, y en un día que no logro identificar en mi memoria, pero que sin duda se ubica en la década del ochenta, llegaba a mis manos un nuevo libro de *El club de la aventura*, de editorial Sirio. En esta oportunidad, el quinto libro de la colección nos ofrecía un cuento lovecraftiano escrito a fines de aquel extraño 1921. En sus primeras líneas se debaja leer: *"Rara vez deja de haber algo irónico incluso en el mayor de los horrores. En ocasiones forma parte directa de la composición de los acontecimientos, y a veces sólo incumbe a su posición fortuita entre personas y lugares"*.

Gerardo Miño